스물 살에 했더라면
좋았을 습관 44

스무살에 했더라면 좋았을 습관 44

초판 1쇄 발행 · 2012년 8월 18일
초판 4쇄 발행 · 2013년 3월 10일

지은이 · 이민구
펴낸이 · 김명호
펴낸곳 · 도서출판 머니플러스
편　집 · 이정은
디자인 · 이종헌
마케팅 · 김미룡, 한성호
관　리 · 유명희, 안승철

주　　소 · 서울시 은평구 녹번동 156-39번지 2층
전　　화 · 02-352-3272 ｜ 02-387-4241
팩　　스 · 02-352-3273
이메일 · pullm63@empal.com
등록번호 · 제311-2004-00002호

잘못된 책은 구입하신 서점에서 교환해 드립니다.
ISBN 978-89-91113-65-7 (13320)

| 책머리에 |

　분명 습관은 힘이다. 잭 핫지의 『습관의 힘』이라는 책도 있고, 오스트리아 작가 토마스 베른하르트의 『습관의 힘』이라는 희곡은 우리나라에서도 공연되었다. 운동선수들이 아무리 정상급 선수라도 끊임없이 피나는 훈련을 하는 것은 훈련하는 습관도 중요하지만 근육에 습관을 길러주려는 것이다. 근육에도 기억력이 있기 때문에 반복훈련을 통해 근육이 저절로 이상적으로 움직이게 하려는 것이다. 한 마디로 습관은 견고한 잠재의식이다.
　습관에는 좋은 습관, 성공으로 이끄는 습관이 있는가 하면 마침내 자신의 인생을 망치는 나쁜 습관들도 있다. 또한 타고난 습관이 있는가 하면 스스로 만들 수 있는 긍정적인 습관도 있다.
　아주 사소한 것 같지만 좋은 습관 하나가 재능이나 능력, 지능보다도 큰 힘을 발휘하며 자신의 인생을 성공적으로 이끌 수 있다고 한다. 그만큼 습관은 중요하다. 따라서 한 때 '습관'은 자기계발의 화두가 되었으며 습관에 대한 많은 책들이 쏟아져 나오기도 했다. '좋은 습관' '성공으로 이끄는 습관' '돈 버는 습관' '부자가 되는 습관' 등등 그 종류를 헤아리기 어렵다.

그러나 안타깝게도 한결 같이 보편적인 서술일 뿐, 특정세대에 꼭 필요한 습관, 특정세대만의 그릇된 습관 등을 구체적으로 지적해서 특정세대의 습관 길라잡이가 될 만한 책은 찾기 어려웠다.

말하자면 20대, 30대, 40대… 그들 세대에 걸 맞는 습관이 있고 개선할 수 없거나 개선할 필요가 없는 습관들도 있는데 그러한 것들이 도외시됐다는 얘기다.

20대는 확고한 자신의 정체성을 가지고 완성된 인격체로서 성인의 지위를 부여받고 성인다운 행동과 성인으로서의 의무를 시작하는 시기다. 자신의 말과 행동에 책임을 질 줄 알아야 하며 분명한 직업과 전공을 가져야 한다. 또 일찍 결혼하면 가정을 꾸리고 가족을 보살피는 공동체적 삶을 이끌어야 한다.

　이러한 과정에서 자신의 습관이 무엇보다 중요하다. 습관에는 타고난 습관과 어려서부터 길들여져 온 버릇이 있다. 이러한 것들이 뜻밖에 자신의 어떤 특성보다 삶의 질과 가치를 좌우한다. 자신의 인생을 성공으로 이끌기도 하고 파탄으로 이끌기도 한다. 바람직한 습관은 가꿔야 하고 그릇된 습관은 고쳐야 한다. 다행스럽게 20대는 자신의 노력으로 얼마든지 그릇된 습관을 바꿀 수 있는 시기다.

　나는 30대 초반이다. 20대를 넘어선 지 얼마 안 된다. 내 스스로 성공했다고 말하기는 힘들다. 나 역시 많은 단점과 그릇된 습관들을 여전히 가지고 있으며 지금도 잘못된 습관들은 고치려고 꾸준히 노력하는 중이다. 또한 나 역시 20대에 많은 실수와 실패, 시행착오 등을 겪어야 했는데, 30대에 들어서서 그 가운데 많은 것들이 나의 잘못된 습관과 버릇에서 비롯됐다는 사실을 깨닫게 되었다.

말하자면 이 책은 나의 '체험적 20대의 습관'이 바탕이 되었다고 말할 수 있다. 따라서 습관에 대한 갖가지 책들을 살펴보기는 했지만 전혀 참고하지 않았다. 거의 모두 나의 체험과 경험에서 나온 것들이라고 자신 있게 말할 수 있다. 내 몸으로 직접 겪고 느낀 체험적 습관론이 오히려 지금의 20대에게 한결 설득력이 있고 많은 도움이 될 것으로 확신한다.

2012. 7.
지은이 이민구

차 례
CONTENTS

책머리에 __ 4

Part 1 습관과 버릇을 극복하기

습관과 버릇을 바로 알아라 __ 13
익숙해지는 것을 경계하라 __ 17
새로움을 추구함으로써 익숙해짐을 벗어나라 __ 25
습관이 늘어지면 고집이 된다 __ 30
중독은 독이다 __ 35
말이야말로 완전한 습관이다 __ 41
술 마시는 데서 인생을 엿본다 __ 46
거짓말을 반복하지 말라 __ 52
욱하는 성질을 버려라 __ 57
받는 것보다 주는 데 서슴없어라 __ 62
네 탓하지 말고 내 탓임을 먼저 깨달아라 __ 67
오늘이 전부다, 내일은 없다고 여겨라 __ 71
다른 사람을 무시하는 건 금물 __ 76
좋아하는 일에 매달려라 __ 81
꿈을 장대하게 가지면 된다 __ 86

Part 2 생활습관 프로젝트

스마트폰, 인터넷의 구속에서 벗어나기 __ 93
외모에 집착하지 말자 __ 97
일확천금은 그냥 주어지지 않는다 __ 103
금전약속은 철저히 지켜라 __ 110
아끼고 모으는 일에 열중해야 한다 __ 115
노동에 익숙해진다 __ 120
이데올로기에 무장되는 것을 피해라 __ 125
이상에 치우치지 말고 현실에 충실하라 __ 132

Part 3 감정과 욕망 탈출 습관 프로젝트

본능을 절제하는 감정을 키워라 __ 139
사랑도 목숨 걸 만한 일이다 __ 144
쾌락의 노예가 되면 망가진다 __ 151
이성교제는 자연스럽고 유쾌하게 __ 156
이성교제할 때 조건에 얽매이지 말기 __ 164
초식남, 건어물녀에서 구출되기 __ 168
뽐내는 자기과시에서 벗어나라 __ 174
결혼상대, 너무 쉽게 결정짓지 마라 __ 179

Part 4 성공하는 습관 프로젝트

자신을 믿어라, 그리고 스스로 믿게 행동하라 __ **187**
정면승부하라 __ **191**
끈기를 길러라 __ **197**
이끌어주는 선배를 옆에 두라 __ **202**
무조건 움직여라 __ **206**
섣불리 마무리하면 손해다 __ **211**
목표를 세우는 연습을 익혀라 __ **216**
세상물정을 알아라 __ **220**
정리의 힘, 버리는 습관 __ **224**
다른 사람의 장점을 먼저 보기 __ **228**
항상 배우는 습관을 가져라 __ **232**
최고가 되려고 진을 빼서는 안 된다 __ **237**
집중력을 키워라 __ **243**

Part 1

습관과
버릇을
극복하기

☙❧

얼핏 사소해 보이는 습관들이 자신의 삶을 뒤바꿔 놓을 수 있다.
따라서 인생의 출발점에 서 있는 20대로서는
바람직한 습관은 가꿔 나가고, 그릇된 습관은 개선하고,
꼭 필요한 습관이라면 꾸준한 실천을 통해
습관화 해나가는 노력이 있어야 한다.

습관과 버릇을 바로 알아라

 습관의 사전적 의미는 '버릇'이다. 되풀이 되는 일정한 행동이 습관이다. 사람이나 동물이나 생명체에는 습관이 있다. 습성이라고도 한다. 습관에는 본능적인 습관과 문화적인 습관이 있다. 문화가 없는 동물은 당연히 본능적 습관만 가지고 있다.
 가령 강아지를 보자. 먹이를 주거나 주인이 나타나거나 반가우면 꼬리를 흔든다. 성이 나거나 경계태세를 취할 때는 꼬리를 치켜세우고, 두려우면 꼬리를 내린다. 복종이나 굴복을 나타낼 때는 발랑 드러누워 배를 보인다. 개의 품종과 상관없이 모두 똑같은 습성이다.
 사람에게는 본능적 습관 이외에 문화적 습관이 있다. 문화적 습관에는 인종마다 종족마다 차이가 있다. 예컨대 서양 사람들은 만나고 헤어질 때 포옹하고 입을 맞추기도 하고 뺨에 키스하기도 한다. 동양 사람들은 그보다는 신체접촉이 적다. 고개 숙여 인사하거나 손을 흔든다. 이러한 집단의 습관을 관행, 습성, 관습, 풍습, 풍속 등으로 표현한다.

도덕이나 윤리, 예의, 염치 등은 어느 사회집단의 구성원들이 스스로 지켜야할 바람직하고 올바른 습관을 그들 나름으로 정형화시켜 놓은 것이다. 법, 법률, 규율, 질서와 같은 것들도 사회구성원들이 지켜야 할 합리적이고 효율적이며 윤리, 도덕적인 습관들을 강제하는 것에 불과하다. 때문에 바람직하고 좋은 습관을 가지고 있는 사람은 법을 몰라도 살아가는 데 아무런 지장이 없다. 그런 사람을 '법이 필요 없는 사람'이라고도 한다.

***

개인도 집단의 일부다. 당연히 자신이 속한 집단의 관습을 따르지만 개인의 성격차이에 의해 개체마다 개인적인 습관이 있다. 동물에게는 없는 문화적 차이 때문이다. 이러한 개인적인 습관을 우리는 흔히 '버릇'이라고 한다. 말버릇, 손버릇, 잠버릇, 술버릇 등에서부터 거짓말 하는 버릇, 꾀부리는 버릇, 게으른 버릇, 술취하면 노래하는 버릇, 술 취하면 주정하는 버릇…, 천태만상이다. 한마디로 말하자면 개인에 따라 되풀이되는 행동이 곧 버릇이다. 술이 취하면 폭력적으로 변하는 주폭이나 여성이 생리할 때 나타나는 도벽도 결국은 버릇이다. 모든 여성들이 생리할 때마다 도벽이 있는 것은 아니다.

동물의 습관은 생존본능에 의해 작동되지만 인간의 습관은 생각에서 비롯된다. 틀에 박힌 생각이 되풀이되어 행동으로 나타나는 것이 우리 습관의 본질이다. 가령 어떤 부당한 행동을 목격했을 때 정의감에 불타 적극적으로 개입하는 사람이 있는가 하면, 못 본 척 외면하거나 자신과 관계없는 일은 회피하는 사람이 있다.

서양 사람들은 집구석 어디선가 이상한 소리가 들렸을 때 여자 혼자라도 그곳으로 다가간다. 도둑의 침입이 짐작되면 총을 들고 다가간다. 그럴 경우 우리나라 사람들은 우선 몸을 숨기고 본다. 여자가 혼자 목욕을 하고 있는데 누가 벌컥 문을 열었다면 서양여자들은 손으로 은밀한 부위를 가린다. 그런데 우리나라 동양여자들은 두 손으로 자신의 얼굴을 가린다고 한다. 모두 습관이다. 틀에 박힌 머릿속의 생각들이 자기도 모르게 행동으로 나타나는 것이다.

다시 말하면 개인적인 그릇된 습관이나 잘못된 버릇을 고치려면 그런 행동을 조종하는 생각을 바꿔야 한다는 얘기다. 사실 남에게 피해를 주지 않고 인간관계에 별다른 지장이 없으며 살아가는 데 큰 불편이 없는 웬만한 개인적인 버릇들은 그 사람의 개성이 되고 매력이 된다.

그러나 치명적인 약점, 단점이 되는 버릇은 반드시 고쳐야 하고, 필요에 따라 바람직한 습관, 좋은 버릇을 스스로 만들어 가져야 한다. 특히 자신의 정체성이 확립되는 20대는 더욱 그렇다. 틀림없이 습관은 힘이며 인간관계와 처세의 핵심적인 원동력이다.

❋❋❋

일찍 일어나는 습관이 있는 사람은 오전 내내 늦잠 자는 사람보다 부지런해서 훨씬 많은 일을 한다. 일을 많이 하면 그만큼 소득도 높아진다. 거짓말하는 버릇이 있는 사람은 신뢰를 잃어 좋은 지위를 가질 수 없으며 술 취하면 주사가 심한 사람은 대인관계에서 큰 손실을 본다. 말버릇, 손버릇이 나쁜 사람은 모두 기피한다.

이처럼 얼핏 사소해 보이는 습관들이 자신의 삶을 뒤바꿔 놓을 수 있다. 따라서 인생의 출발점에 서 있는 20대로서는 바람직한 습관은 가꿔나가고, 그릇된 습관은 개선하고, 꼭 필요한 습관이라면 꾸준한 실천을 통해 습관화 해나가는 노력이 있어야 한다.

그것은 의식의 전환, 즉 생각의 변화에 달려 있다. 이제 우리는 20대로서 바람직한 습관, 꼭 필요한 습관들을 살펴 볼 것이다. 상식적인 얘기지만 첫 단추를 잘못 끼면 나머지 모든 단추가 어긋난다. 20대에게 습관은 그 첫 단추나 다름없다.

익숙해지는 것을 경계하라

습관은 어떤 행동이 익숙해지는 것 또는 숙달되는 것이다. 범죄에 익숙해지면 교도소에 다녀와서도 또 범죄를 저지른다. 그래서 전과가 자꾸 쌓여간다. 범죄자는 '배운 게 도둑질'이어서 범죄밖에는 할 것이 없었다고 하지만 결국 범죄에 익숙해졌기 때문이다. 담배에 익숙해진 사람은 담배를 피워야 편하고, 술에 익숙해진 사람은 술을 마셔야 몸과 마음이 편하다. 모두 음주, 흡연에 익숙해져 있기 때문이다.

우리의 뇌는 익숙해진 것을 분명히 기억하고 민감하게 반응한다. 그래서 익숙해진 것을 행동하지 않으면 몸과 마음이 불편하고 불안한 것이다. 그것이 바로 습관이며 '습관의 힘'이다.

다행히 20대는 여러 습관들이 체질화되기에는 아직 이른 시기이다. 뿐만 아니라 그릇된 습관들이 형성되고 있다면 얼마든지 그것을 바꿀 수 있는 과도기라고 할 수 있다. 그리하여 이 시기에 적극적으로 노력해서 견고하게 습관화시킬 몇 가지 중요한 행동들이 있다. 모두 상식적이고 쉬운 것들이지만 장래의 인생을 생각할 때 대단히 중요한 것들이다. 그 몇 가지를 소개하면 다음과 같은 것들이다.

※ ※ ※

첫째, 자립심을 습관화시켜야 한다. 지금의 20대는 자녀수가 적은 가정에서 부모의 과잉보호를 받으며 자라난 이른바 '헬리콥터 세대' '캥거루 세대'이다. 모든 것을 부모에게 의지하는 습성이 길들여져 혼자서는 거의 아무것도 하지 못한다. 그러다 보면 경제력은 물론, 자기 인생에서 중요한 모든 판단이나 결정조차 부모와 남에게 의지한다. 최근의 통계에서 부모와 동거하는 30대, 40대가 10년 사이에 90% 이상 늘어났다고 한다. 그보다 아래 세대인 20대는 훨씬 더 많을 것이다. 아직 대학생, 대학원생이 많겠지만 자립심이 약한 탓이다.

서양에서는 만 18세가 넘어 성인이 되면 거의 대부분 부모로부터 독립한다. 부모의 집에서 나와 자기 판단과 결정에 따라 스스로 생활을 꾸려간다. 아르바이트 등으로 자기 용돈과 학비를 벌고 어떠한 행동도 부모의 구속을 받지 않는다. 자신의 행동에 자신이 책임지는 것이다. 그것은 부모가 아무리 부자, 명문 가정이라도 마찬가지다. 돈 많은 부자일수록 오히려 자녀를 독립시켜 자립심을 키우게 하고 스스로 땀 흘려 일함으로써 노동의 참다운 가치를 깨닫게 한다.

요즘 일본에서도 아무것도 안 하고 방안에 틀어박혀 있는 젊은이들이 골칫거리다.

그들도 우리의 20대처럼 부모의 과잉보호 아래 오직 소비만 할 줄 알고 자란 세대들이다. 막상 취업해서 일을 하려니까 월급이 노력에 비해 너무 적다는 생각이 드는 것이다. 그런 월급 받을 바엔 차라리 부모한테 용돈 받아쓰는 게 낫다는 생각을 하는 것이다. 그래서 아무 일도 하지 않고 부모의 도움으로 생활하며 방에 틀어박혀 인터넷이나 게임 따위에 매달려 있는 것이다.

우리나라의 경우, 취업이 하늘의 별따기만큼 힘든 탓도 있지만, 그냥 놀고 있는 고학력자가 300만 명이 넘는다고 한다. 두 말할 것 없이 20대, 30대에 이르러서도 부모의 도움으로 살아가는 셈이다. 부모가 경제적으로 어려워 궁지에 몰리면 어찌하는가? 땀 흘려 노력하지 않고 손쉽게 돈 벌 궁리를 하게 된다. 범죄나 사기 등이 크게 늘어나는 것은 그 때문이다. 20대에 자립심을 키우려는 노력보다 더 중요한 습관은 없다.

둘째, 부지런함이다. 사실 특별히 지적해서 얘기할 만한 습관이 아닐 수 있다. 어려서부터 또 각급 학교에서 부모, 선생님에게서 지겹도록 들은 소리가 근면, 성실이다. 그야말로 꼰대들이 입버릇처럼 어린이, 청소년들에게 늘어놓는 말이다. 각급 학교 교훈 가운데도 가장 많은 것이 근면, 성실이다. 그런데 왜 또 얘기를 꺼내는 걸까?

물론 고리타분하고 진부한 조언을 하려는 것이 아니다. 요즘 20대는 극단적이기 때문이다. 아주 부지런하거나 아주 게으르거나, 분명하게 두 부류로 나누어진다. 부지런한 20대라면 별 문제가 없다. 게으른 젊은이들이 대상이다.

우리나라가 눈부신 경제성장을 이룩하기 전에 우리는 거의 모두 가난했다. 무엇이든 일을 하지 않으면 입에 풀칠하기 어려웠다. 누구든 부지런해야만 했다. 어린이, 학생들도 부모를 돕고 가정을 도와야 했다. 더군다나 체력이 왕성하고 건장한 20대 청년이 늦잠을 자거나 빈둥빈둥 놀고먹는다는 것은 죄악이나 다름없었다. 따라서 노동이 최고의 가치였으니까 근면, 성실이 그 시대 최고의 덕목일 수밖에 없었다.

그러나 오늘날은 많은 국민들이 경제적으로 안정된 생활을 하고 있다. 선천적으로 의욕적이고 활동력이 강한 20대는 더 없이 부지런하지만 그렇지 않은 젊은이들이 아주 많다. 집에서 빈둥거리며 놀고먹는 젊은이들이 무척 많다. 물론 취업도 안 되고 진로조차 정하기 어려운 시대상황의 영향도 있겠지만 게으름이 습관화된 젊은이들이 너무 많다는 얘기다.

경제적으로 어느 정도 여유가 있는 부모가 먹여주고 재워주고 용돈 주고, 모든 걸 다 해결해주니 절박함이 없는 것이다. 절박함이 없으면 일한 의욕이 없어지고 점점 게을러진다. 밤늦도록 컴퓨터 인터넷에 매달려 게임이나 허튼 수작으로 시간 보내고 오전 내내 늦잠을 자게 된다. 당장 특별히 해야 할 일이 없으니 더욱 더 게으름을 피우게 된다.

20대에는 1분1초가 아까운 것이 정상이다. 배워야 할 것, 알아야 할 것, 해야 할 것이 너무 많은 시기가 20대다. 이성을 사귀어 교제도 해야 하고, 자신의 미래에 대한 구체적인 설계도 해나가야 한다. 이런 시기에 한껏 게을러 허송세월로 시간을 낭비한다는 것은 자신을 점점 침체시키고 동료들과의 경쟁에서 끝없이 뒤로 밀린다. 게으름뱅이가 늦잠 자는 한나절이면 KTX가 서울에서 부산까지 간다. 그만큼 남들한테 뒤떨어지게 된다. 게으름이 습관화되면 성공은 기대하기 어렵다.

'움직이지 않으면 아무 일도 일어나지 않는다'라는 말이 있다. 동물은 움직이지 않으면 죽은 거나 다름없다. 할 일 없이 거리를 쏘다닐지언정 아무튼 20대는 많이 움직여야 한다. 자신의 눈으로 본 것이 곧 체험이고 지식이 된다. 나쁜 짓만 빼놓고 무엇이든 하라. 되도록 많은 사람을 만나라. 그래야 기회가 생기고 행운도 얻는다. 집에만 붙어있지 말고 밖으로 나와 많이 움직여라. 그것이 곧 부지런함이다.

셋째, 겸손이다. 20대에는 의욕도 강하고 자신감이 넘친다. 무엇이든 이룰 수 있고 무엇이든 자신이 원하는 대로 해낼 수 있다고 생각하기 쉽다. 연령적으로 경험이 부족한 탓이다.

마치 처음으로 이성과 사랑하게 되면 그 연인과 결혼하고 백년해로 할 것처럼 착각하는 것과 같다. 대부분의 첫사랑은 깨진다. 첫사랑과 결혼했어도 이혼하게 되는 경우가 허다하다. 기나긴 인생에는 숱한 고난과 역경과 실패가 뒤따른다는 사실을 아직 경험이 부족해서 피부로 느끼지 못하는 것이다.

너무 자신감이 없어도 곤란하지만 자신감이 지나치면 자만감에 빠져 우쭐하기 마련이다. 어느 틈에 자기가 최고가 되고 최선이 된다. 아직 많이 배우고 익혀야 할 나이에 남들에게 충고를 하고, 남을 얕잡아 본다. 자칫하면 젊은 사람이 건방지다는 소리를 듣는다.

흔히 하는 말처럼 행복은 결코 성적순이 아니다. 내가 'All A'를 받아 수석을 했다고 해서 나의 행복도 올 A라는 보장은 전혀 없다. 직장에서 내가 실적을 올려 동료보다 먼저 승진했다고 해서 영원히 남보다 앞서 승진하며 행복한 인생을 살 것이라는 보장은 없다. 오히려 지나친 자신감과 자부심이 자만과 오만을 가져와 더 이상 발전을 못하고 침체되거나 인간관계에서 낭패를 보고 하루아침에 나락으로 떨어질 수도 있다.

20대에 어떤 사업에 성공했거나 원하는 목표를 달성했다고 해서 영원히 성공을 이어가고 순탄하게 목표를 높여갈 것이라는 보장을 할 수 없다. 오히려 그럴수록 수많은 역경을 맞게 되고 실패가 뒤따른다. 그 모든 것을 극복하고 이겨내야 마침내 성공한 것이다.

그런데 자기가 성공한 대사업가, 최고권위의 전문가의 경지에 이른 것처럼 교만해지고 건방지다면 많은 사람들로부터 미움을 사고 진정한 인간관계를 이루지 못해 위기를 맞아도 도움을 얻기 어렵다. 그 때문에 자칫하면 위기를 극복하지 못하고 무너질 수 있다.

인간성 가운데 '겸손'은 중요한 덕목으로 특히 20대에 꼭 필요하다. 20대에 내가 알면 얼마나 알고, 가졌어야 얼마나 가졌으며, 잘났어야 얼마나 잘났겠는가? 항상 겸손한 마음으로 남을 배려할 줄 알아야 하고 누구에게나 배우려는 자세를 가져야 한다. 겸손은 습관이다. 겸손한 젊은이는 아름답다.

<u>넷째</u>, '정직'이다. 근면, 성실, 겸손, 정직…, 모두 꼰대들이 어린이, 청소년들에게 늘어놓은 판박이 레퍼토리다. 20대로서는 절실하지도 않고 별로 듣고 싶지 않은 진부하고 지루한 잔소리에 불과할지 모른다. 이 숨 가쁜 시대에 공자 왈, 맹자 왈 따위의 낡은 윤리, 도덕이 무슨 도움이 될까 짜증이 날 수 있다.

하지만 결코 그렇지 않다. '정직'은 예전의 젊은이보다 요즘 젊은이들에게 절실하게 필요한 처세술이며 진정한 성공의 요인이다. 왜냐하면 지금 우리가 사는 세상이 예전보다 훨씬 정직하지 못하기 때문이다.

얼핏 세상을 보면 정직한 사람은 못살고, 남보다 출세나 성공도 더디고, 부정직한 사람, 비양심적인 인간들이 훨씬 더 잘 사는 것 같다. 요령을 부리고 비리, 불법, 탈법 따위를 서슴없이 자행해야 돈도 벌고 성공하는 세상처럼 보인다. 아니, 사실이 그럴지도 모른다. 정직과 양심이 실종된 시대라고 해도 과언이 아니다. 모두 탐욕스러워진 탓이다.

그러나 옛말처럼 죄진 놈은 두 다리 뻗고 못 잔다. 죄를 저지른 사람은 언제 들통날지 모르니까 불안해서 하루하루 마음 졸이며 살아야 하는 것이다. 정치인, 공무원들이 비리, 횡령을 저질렀다가 들통 나 하루아침에 신세 망치고 탈법과 불법 사실이 뒤늦게 밝혀져 쇠고랑차고 교도소에 가는 사건이 거의 매일같이 터진다.

20대는 평균수명 80세를 살아야 하는 기나긴 인생의 출발점이다. 다소 손해를 볼지라도 정직해야 거리낌이 없고 당당하다. 당장 눈앞의 작은 이익에 현혹되고 주변의 유혹에 넘어가 부정직하고 비양심적인 행위에 가담한다면 그것이 걸림돌이 되어 자신의 순탄한 인생에 발목을 잡힐 수도 있다.

참다운 성공의 진정한 승자는 결국 정직한 사람이다. 누구나 태어날 때는 정직하다. 어린이들이 순수하고 천진난만한 것은 정직하기 때문이다. 하지만 어른들과 섞여 자라면서 거짓말을 배우고 부정직하게 된다. 그리고 그것에 익숙해지면 정직하지 못한 인간이 되는 것이다. 말하자면 정직도 길들이기 나름이며 습관이다. 마침내 자신을 성공으로 이끄는 습관이다. 정직함에 익숙해져야 한다.

새로움을 추구함으로써 익숙해짐을 벗어나라

프로야구를 보면 왼손잡이 투수나 타자들이 많다. 정확한 통계는 모르겠지만 우리 인류의 10~15%가 왼손잡이라고 한다. 오른손잡이에 비해 절대적으로 희소성이 있기 때문에 왼손투수나 타자들에게 플러스 요인이 있는 것 같다. 왼손투수가 던지는 공을 훨씬 많은 오른손 타자들이 치기 어려운 것도 덜 익숙하기 때문이다.

대략 열 명 가운데 한 명이 왼손잡이지만 그것이 장애는 아니다. 하지만 대다수가 오른손잡이여서 옛날부터 왼손잡이는 공정한 대접을 받지 못했다. 오른손, 바른손이라고 하는 것은 옳다, 바르다와 관련된 말이다. 왼손은 그렇지 못하다는 얘기다. 왼손잡이는 태어날 때부터 왼손잡이다. 어려서부터 물건을 집고, 던지고, 숟갈을 잡고, 글씨를 쓰고…, 거의 모든 동작에서 왼손을 사용한다. 그러면서 완전한 왼손잡이가 된다. 무엇이든 왼손을 사용하는 것이 익숙하고 편리한 것이다.

　나의 아버지는 왼손잡이시다. 그런데 예전에는 왼손잡이를 장애처럼 여겨 보기 흉하다고 해서 할머니가 강제로 오른손 쓰는 습관을 길들여 고쳐주셨다고 했다. 그 때문에 공을 치고 라켓을 휘두르는 것과 같은 운동은 왼손으로 하시지만 글씨쓰기, 수저사용, 칼질 같은 실생활에 중요한 동작은 오른손을 사용하신다. 타고난 습관도 얼마든지 고칠 수 있다는 증거다.

　아침에 무척 일찍 일어나는 아침형 인간이 있는가 하면, 남들보다 아주 늦게 밤 서너 시가 돼서야 잠을 자는 올빼미형 인간이 있다. 그렇게 습관이 됐기 때문이다. 아침형 인간은 일찍 일어나는 데 익숙하고 올빼미형 인간은 늦게 자는 데 익숙하게 습관화된 것이다.

　누구나 이 세상에서 어머니가 만들어 주시는 음식이 제일 맛있다고 한다. 미국의 초대 대통령이었던 조지 워싱턴도 미국의 건국을 위해 바쁘게 활동하다가 모처럼 고향집으로 어머니를 찾아가면 "이 세상에서 어머니가 만들어 주시는 빵이 제일 맛있거든요" 하면서 다른 때보다 훨씬 많이 먹었다고 한다.

　우리들처럼 어머니가 해주시는 밥과 반찬이 제일 맛있는 것과 같을 것이다. 왜 그럴까? 정말 어머니의 음식 맛이 세계최고일까? 설명할 필요 없이 어려서부터 어머니가 만들어주는 음식에 익숙해져 있기 때문에 내 입에 가장 잘 맞는 것이다. 우리나라 사람들에겐 한국 음식이 가장 맛있는 것도 마찬가지다.

흡연자들이 담배를 쉽게 못 끊는 것은 담배를 피우는 것이 익숙한 습관이기 때문이며, 거짓말을 잘 하는 사람은 언제나 거짓말을 하는 것도 거짓말에 익숙하기 때문이다. 앞에서도 지적했지만 남의 재물을 훔치는 절도범이나 소매치기는 그런 범죄행위에 익숙해져 계속해서 되풀이하다가 붙잡힌다. 하지만 징역을 살고 나와서도 절도와 소매치기를 또 한다. 이미 체질화된 습성이나 습관은 쉽게 고치기 어렵다는 얘기다.

***

그러나 뒤집어 생각하면 전혀 새로운 습관도 익숙해지면 체질화시킬 수 있다는 얘기가 된다. 앞서 밝힌 나의 아버지의 경우처럼 타고난 왼손잡이도 반복훈련에 의한 숙달로 여러 동작들에서 오른손을 사용하지 않던가. 우리는 오랫동안 '좌측통행'에 익숙해져 있었다. 학교에서도 좌측통행을 하도록 배웠다.

하지만 좌측통행에 여러 가지 문제점과 불편이 있어서 요즘 '우측통행' 캠페인을 벌이며 적극 권장하고 있다. 지하철 역의 오르내리는 계단이나 횡단보도 등에 화살표를 해놓고 우측통행을 유도하고 있다. 그렇지만 많은 사람들이 아직 우측통행을 잘 지키지 않고 있다. 오랫동안 좌측통행에 익숙해 있는 탓이다. 그래도 우측통행을 하는 사람들이 점점 늘어나고 에스컬레이터에서도 대부분이 우측에 선다. 익숙한 습관은 쉽게 고쳐지지는 않지만 의식적인 노력과 반복된 행동으로 충분히 고칠 수 있다는 것을 말해 준다.

누구나 지닌 습관은 선천적으로 타고나거나, 자신의 성격에 의해 저절로 버릇으로 자리잡기도 하고, 후천적으로 성장환경에 의해 형성되기도 하고, 충격적인 경험 등으로 변형돼 고착되기도 한다. 아무튼 오래되어 자신에게 편리하고 익숙할수록 고치기 어렵고 개선하는 데 많은 시간이 걸린다.

※ ※ ※

우리의 습관 가운데는 좋은 습관도 있고 나쁜 습관도 있다. 어느 쪽 습관이 더 많으냐에 따라 그 사람의 성격이 되어 개성이나 매력으로 평가받기도 하고, 성격이 못된 인간, 가까이 하면 안 될 인간으로 경계대상이 되기도 한다. 그런가 하면 누군가 열 가지 좋은 습관을 지니고 있더라도 한 가지 치명적이고 결정적인 나쁜 습관이 있다면 그것 한 가지로 그 사람을 평가해 버리는 경우가 많다.

그처럼 성격이나 습관은 인간관계에 큰 영향을 미친다. 자신을 냉정하게 평가해보라. 자기 스스로 잘 알고 있는 나쁜 습관이 있을 것이다. 또는 주변으로부터 항상 지적당하는 좋지 않은 습관도 있을 것이다. 남에게 피해를 주는 습관, 자기 자신의 발전에 지장을 주는 습관, 남들에게 자주 지적당하는 그릇된 습관이 있다면 반드시 고쳐야 한다. 더구나 그것들이 오랫동안 반복되어 자신에게 무척 편리하고 익숙한 습관이라면 더욱 서둘러야 한다.

20대는 가족이나 친구의 범위를 넘어서 새롭게 여러 사람들과 인간관계를 형성해 나가기 시작하는 시기다. 가족, 친구처럼 익숙한 사람이 아니라 낯설고 성격조차 알 수 없는 많은 사람들과 관계를 맺어나가야 한다. 낯선 만큼 내가 새롭게 관계를 맺는 사람들을 경계하듯, 그들도 처음에는 나를 경계할 것이다. 그러면서 서로 성격과 습관들을 살필 것이다. 결정적으로 바람직하지 못한 습관 한두 가지만 드러나도 내가 그것으로 상대를 평가하듯, 상대도 나를 그것으로 평가해버릴 것이다.

새로운 세계에 나서고 사회에 첫 발을 내딛는 20대는 비교적 자신을 바꾸기 쉽다. 여자고등학생이 대학에 들어가면 입학하기 전에 헤어스타일, 의상 등에 변화를 줘서 숙녀 티가 나는 것처럼, 한두 가지 좋지 못한 성격이나 습관을 고치면 사람이 달라 보인다. 자신의 이미지가 확 바뀌기도 한다. 그것이 '새로움'이다. 새로운 세상에 나서는 만큼 새로워야 한다.

결코 어려운 일이 아니다. 가령 음식을 좀 짜게 먹는 사람이 있다고 치자. 짜게 먹는 것은 분명히 건강에 좋지 않다. 약간 싱겁게 먹는 것이 건강에 좋다고 한다. 그렇다면 차츰 소금을 조금씩 적게 넣거나 억지로라도 싱겁게 먹도록 꾸준히 노력하면 마침내 싱거운 음식에 익숙해지는 것과 같다. 습관 하나가 성공을 좌우한다는 사실을 알아야 한다.

습관이 늘어지면 고집이 된다

우리 국민들은 젊든 나이가 들었든 토론이 잘 되지 않는다고 한다. 그 까닭에는 여러 가지가 있겠지만 우선 논리성이 부족하다. 논리적으로 자기주장을 내세우거나 상대를 설득하기보다 감정이 앞서거나 주장에 앞뒤가 없고 큰소리로 마구 떠들어 대기 일쑤다. 그래서 우리의 토론에는 '목청 큰 놈이 이긴다'는 말이 있다.

가령, 자동차가 서로 부딪치는 접촉사고 났다고 하자. 책임이 다소 애매할 때 운전자끼리 차근차근하게 잘잘못을 논리적으로 풀어나가기보다 큰소리치며 상대를 윽박지른다.

"야, 너, 눈 멀었어?"

"야, 자식아, 그 따위로 운전하면 어떡하자는 거야?"

그러면 상대도 가만있지 않는다.

"똥 싼 놈이 큰소리친다더니 왜 욕이야? 자식아."

이쯤 되면 서로 감정싸움으로 변한다.

"뭐? 이 자식이. 너 몇 살이야? 이 자식, 위아래도 몰라?"

"너, 왜 반말이야?"

사고의 원인과 책임은 오간데 없이 사라지고 느닷없이 나이의 위아래 다툼, 힘 다툼, 목소리 다툼으로 변질되고 멱살잡이와 주먹싸움으로 변하는 경우가 흔하다. 부딪친 자동차를 그대로 세워놓고 싸움질을 해대니 길이 막혀 뒤차들이 마구 클랙션을 울려대며 아우성이고 하찮은 사고가 순식간에 아수라장으로 변한다.

이처럼 논리성 부족이 토론으로 연결되지 않는 큰 이유가 되지만 또 한 가지는 올바른 대화가 안 된다는 사실이다. 국회를 보면 여야의원들이 한결같이 대화와 소통으로 현안들을 풀어나가겠다고 하지만, 그런 경우는 자신들 모두의 이득을 챙길 때 빼놓고는 거의 없다. 여야를 가릴 것 없이 자신들의 주장만 고집하고 상대의 주장은 무조건 반대하다가 마침내는 고성과 몸싸움이 벌어지고 최루탄까지 터진다.

그러면서 서로 대화가 안 된다고 헐뜯는다. 국회의원 한 사람, 한 사람을 살펴보면 대부분 고학력자들이며 가짜든 진짜든 박사학위를 갖고 있는 사람들이 많다. 그들이 TV나 대중연설을 하는 것을 보면 하나같이 기가 막히게 말도 잘하고 논리적인 경우를 자주 본다. 그런데 왜 국민들이 정치인들의 행동에 환멸을 느끼는 걸까? 그런데 왜 대화와 소통이 안 되는 걸까?

✱✱✱

앞서 말한 대로 오직 자기주장만 있고 상대의 주장은 들으려 하지 않기 때문이다. 상대의 주장이 객관적으로 아무리 옳다고 해도 받아들이려 하지 않는다. 이쯤 되면 속된 말로 '똥고집'이다. 물론 정치인들뿐이 아니다. 우리 주변에 똥고집을 부리는 사람들이 너무 많다. 20대라고 예외가 아니다.

고집은 보통 어릴 때부터 형성된다. 흔히 어린아이들이 '떼를 쓴다' '생떼를 부린다'고 하는데 그것이 고집이다. 어린아이가 엄마한테 무엇을 사달라고 생떼를 쓰거나, 자기 마음대로 하겠다며 멋대로 행동하거나, 다른 아이의 장난감을 빼앗아 엄마의 설득에도 절대로 내놓지 않는 등 자기 뜻을 굽히지 않는 것이 고집의 시작이다.

부모는 어린아이의 행동이 잘못됐거나 터무니없을 때 절대로 들어주면 안 된다. 또한 타당하지 않고 불필요한 것을 사달라고 조를 때도 들어주면 안 된다. 어린아이 때부터 모든 것이 자기 뜻대로 되는 게 아니라는 것을 체험적으로 깨달아야 하고, 자기 생각과 남의 생각이 다를 수도 있다는 사실을 익혀 나가야 한다.

그런데 부모들은 자녀들을 왕자, 공주처럼 귀하게 키우면서 자기 아이의 어이없는 생떼에도 관대하다. 우리 아이가 고집이 좀 세다고 대수롭지 않게 얘기하던가, 아이가 떼를 쓰면 못 이기는 척 온갖 요구를 다 들어준다. 어떤 부모는 우리 아이는 자기주장이 강하고 행동이 적극적이라며 자랑스럽게 말하기도 한다. 이것은 큰 착각이다. 고집과 신념은 다른 것이다.

　어린아이가 울고불고 생떼를 부리거나 식사를 거부하며 심술을 부리고 나뒹굴며 발버둥친다고 해서 아이의 요구를 모두 들어주다보면 그것이 아이의 성격으로 형성되고 체질이 되어 고집쟁이로 굳어진다. 차츰 성장하면서 부모, 선생님, 친구들의 말을 듣지 않고 오로지 자기 뜻대로 행동하는 외곬수, 문제아가 될 가능성이 대단히 높다. 그렇게 방치된 채 어른이 되면 남들과 대화와 소통, 타협을 하지 못할 뿐 아니라 살아가면서 수없이 마주치게 되는 고난과 역경을 극복하지 못하고 쉽게 좌절한다.

✴ ✴ ✴

　특히 우리 민족의 바람직하지 못한 속성 가운데 '체면'이라는 것이 있다. 체면이 깎이고 자존심이 상하는 것을 무척 부끄럽게 생각한다. 그래서 자기주장이 꺾이거나 굽히게 되면 무척 수치스런 일로 여긴다. 되도록 강하게 자기주장을 펴고 절대로 타협하거나 굽히지 않는 고집불통이 되는 것이다. 그러면서 자기 탓인 줄 모르고 대화가 안 된다고 난리친다.

　세상사가 모두 수학문제처럼 정답이 있는 것은 아니다. 내 생각이 모두 옳고 진리이며 정의이며 최선이라는 생각은 지독한 독선이다. 세상은 불과 20대가 알고 있는 것이 전부가 아니다. 남의 의견을 충분히 경청할 줄 알아야 하고, 자기 생각이나 주장이 틀렸다고 생각하면 고칠 줄 알아야 대화가 가능하고 발전적으로 성장해 나갈 수 있다. 20대에는 자신이 조금만 노력하면 얼마든지 이미 습관화된 고집이라도 충분히 고쳐나갈 수 있다.

중독은 독이다

'중독中毒'은 의학적으로는 어떤 음식이나 약물의 독성에 치이서 기능장애를 일으키는 것을 말한다. 하지만 그 보다 더 많이 쓰이는 것은 어떤 사물이나 행위에 젖어버려 정상적으로 실정을 판단할 수 없는 상태를 가리킨다. 이를테면 술이나 마약 따위를 지나치게 복용해서 기능장애를 일으키는 것도 중독이지만, 도박, 게임, 섹스 따위에 빠져 정상적인 활동이나 생활이 불가능한 상태도 중독이다.

중독에는 여러 가지가 있다. 게임중독, 인터넷 중독, 식중독, 니코틴 중독, 알코올 중독, 마약중독, 약물중독, 도박중독, 섹스중독 등등 요즘은 스마트폰에 지나치게 몰입하는 것도 중독이라고 할 수 있다. 식중독 같이 음식을 잘못 먹거나 실수로 어떤 독성물질을 과다복용해서 일어나는 생리적 중독이 아니라면 대개 습관성 중독이다. 아주 잘못된 행위가 습관으로 고착돼 버린 것이 중독이라고 할 수 있다. 일종의 홀릭^{holic} 상태가 되는 것이다.

청소년이나 20대는 아직 사회경험이 부족하고 시야가 좁기 때문에 호기심이 강하고 특정한 것에 쉽게 빠져드는 성향이 있다. 많은 것을 알고 싶어 하고 체험하고 싶어 하는 것은 자연스런 현상이다. 가령 음악을 좋아하고 악기에 관심이 많아 기타를 배우면서 기타에 중독됐다고 할 만큼 빠져들기도 한다. 문제는 절대로 하지 말아야할 것들에 호기심을 갖고 그것에 빠져들어 습관으로 고착되고 중독이 되는 것이다.

✻ ✻ ✻

몇 가지 보편적인 중독들을 살펴보자. 알코올 중독이나 니코틴 중독은 생활습관에서 오는 것이다. 과음과 지나친 흡연을 하다보면 그것이 습관이 되고 술이나 담배가 없으면 안절부절못하고, 의도적으로 끊으면 금단현상에 시달리기도 한다. 하지만 20대는 알코올이나 니코틴이 중독이 될 만큼 습관이 오랜 세월 지속되지 않았기 때문에 중독자들이 많지는 않다.

스마트폰 중독은 최근의 현상이다. 통화나 문자뿐 아니라 인터넷, 동영상 등의 기능이 가능하고 수많은 애플리케이션으로 원하는 정보를 얼마든지 얻을 수 있기 때문에 스마트폰은 청소년을 비롯해서 젊은 층에 생활필수품이 되고 있다. 버스, 지하철, 어디서나 스마트폰을 들여다본다.

어쩌다 스마트폰을 잃어버리거나 집에 놓고 나오면 안절부절못하고 몹시 불안해 하며 공연한 초조감에 아무것도 제대로 하지 못한다. 틀림 없는 중독현상이다. 최근 중고등학교에서 수업시간에 휴대폰을 못 쓰도록 하고 압수를 하면 학생들이 필사적으로 저항하는 것도 그 까닭이다. 요즘은 어린이들에게 까지 그런 현상이 확산되고 있다. 병리적인 문제는 없더라도 스마트폰 때문에 꼭 해야 할 일을 뒤로 미루게 되거나 너무 많은 시간을 낭비한다는 것이 큰 문제다.

인터넷 중독, 게임중독도 스마트폰과 같은 차원에서 생각해 볼 수 있다. 무엇보다 자기계발이나 정서함양에 큰 도움을 주지 않는 부질없는 행동에 소중한 시간을 너무 많이 낭비한다는 데 큰 문제가 있다. 뿐만 아니라 온갖 쓰레기 정보에 관심을 쏟으며 악플을 달고 유언비어를 리트윗하고 괴팍한 심리로 헛소문을 퍼뜨린다. 그리하여 알팍한 쾌감을 얻을 수 있을지 모르지만 자신의 발전에 투자해야 할 많은 시간들이 허망하게 날아간다.

게임중독은 더욱 심각하다. 그야말로 시간 죽이기 이외에는 아무것도 아니다. 행여 집중력은 향상될지 모르지만 게임에 중독이 되면 현실과 사이버세계를 혼동하게 된다. 대부분의 게임에서 보이는 폭력성들이 현실로 착각되어 터무니없는 영웅심리에 빠져 자기도 모르게 엉뚱한 범죄를 저지르기 쉽다.

컴퓨터 게임을 하루 한 시간 이상 하면 멈출 수 없는 강력한 습관이 된다. 그 다음은 게임을 안 할 수 없고, 게임하는 시간이 점점 늘어나 며칠씩 식음을 전폐하고 밤낮으로 하게 됨으로써 폐인이나 다름없는 지경에 이른다. 이성이 있다면 냉정하게 따져보라. 얼마나 허망한 일인가?

게임중독보다 더 문제가 심각한 중독이 도박중독이다. 정신이 황폐화되는 것은 말할 것도 없고 도박에는 반드시 돈이 걸린다. 경제적으로 넉넉하지 못한 20대가 도박에 빠지면 무리하게 돈을 마련하고 회복할 방법이 없기 때문에 마침내 패가망신하는 것이다.

먼저 인터넷 도박은 잘 알려진 바와 같이 백전백패한다. 도박운영자 측에서 내 패를 훤히 들여다보면서 마음대로 콘트럴하기 때문에 이길 방법이 없다. 정말 허무하게 돈을 갖다 버리는 셈이다. 잃은 돈을 회복하려고 점점 빠져들었다가는 알거지가 되고 만다.

카드나 화투를 이용하는 일반 도박은 처음에는 친구들끼리 즐기기 위해서 별 부담없이 시작한다. 포커, 고스톱 등을 단순히 놀이로 생각하고 시작하지만 판돈이 안 걸리면 아무런 재미가 없고 긴장감이 없는 게 도박이다. 대개 천 원, 2천 원, 푼돈을 배팅하며 즐기지만 도박의 특성은 점점 배팅이 커진다는 데 있다. 점차 큰돈이 오가기 때문에 긴장하고 몰입하게 되고 되풀이 되면서 습관으로 굳어진다. 그 다음 중독이 되는 것은 시간문제다. 심심풀이 장난으로라도 카드나 화투에는 아예 손을 대지 않는 것이 좋다. 그럴 시간적 여유가 있다면 바둑과 같은 건전한 취미나 볼링 등의 운동으로 실력을 겨루는 것이 좋다.

★★★

　마지막으로 최악의 중독은 마약중독이다. 마약이야말로 가장 중독성이 강하기 때문에 한번 손을 대면 도저히 끊을 수 없다. 마약은 '향정신성' 성질이 있어서 한번 손을 대면 자신의 의지로는 중단하기 어렵다. 향정신성이란 습관성 또는 중독성이 있어서 인간의 정신기능에 영향을 미치는 성질을 말한다. 따라서 잘 알고 있는 바와 같이 마약제조, 판매, 유통, 복용 등 모두 불법이며 적발되면 엄한 처벌을 받는다. 전 세계 어느 나라나 마찬가지다.

　그런데 특히 젊은이들이 왜 불법적인 마약복용을 하는 걸까? 또 마약을 복용하는 젊은이들이 왜 점점 늘어날까? 몇 가지 이유가 있겠지만 쾌락추구, 현실도피 등이 주요원인이다. 젊기 때문에 쾌락욕구가 강하다. 자신의 정신적 기능을 벗어난 환상적인 엑스타시를 경험하고 싶어 하다 보면 이미 마약을 복용하고 있는 주변의 유혹에 쉽게 넘어간다. 또한 현실의 불확실성, 여러 가지 스트레스의 압박, 심각한 우울 등 고통스런 현실을 잠시라도 벗어나보기 위해서 마약에 손을 댄다. 이를테면 수면제 복용, 약물과다복용으로도 해소가 되지 않을 때 마약에 손을 대는 경우가 많다.

　어떤 이유로든 마약복용은 주변의 은밀한 유혹과 강한 호기심에서 출발한다. "어디 한번만 해볼까?" 하며 가벼운 생각으로 손을 댔다가는 곧바로 습관성이 되고 중독으로 이어진다. 정말 무서운 것이 마약이다. 순식간에 자신을 완전히 황폐화시킨다.

✳︎✳︎✳︎

　모든 중독은 결과적으로 가장 나쁜 습관이다. 습관성과 중독성이 강하다고 알려진 행위들에 대해서는 절대 호기심을 갖지 말아야 하고 애당초 손을 대지 말아야 한다. 젊은이들의 현실에서 결코 피할 수 없는 인터넷, 게임, 스마트폰 중독 등은 그래도 자신의 의지로 콘트럴이 가능하다. 굳게 결심하고 절제해야 습관성과 중독을 피할 수 있다. 중독에는 섹스중독도 있지만 다른 항목에서 다루도록 하겠다.

말이야말로 완전한 습관이다

인간이 모든 동물 가운데서 영장으로 군림할 수 있었으며 뛰어난 지능으로 문화와 문명을 이룩할 수 있었던 것은 무엇보다 동물 가운데 유일하게 완벽한 의사소통 수단인 '말'이 있었던 덕분이다.

인류사에서 인류가 언제 동물적인 몸짓이나 소리표현 수준에서 벗어나 뜻이 있는 소리를 연결시켜 말을 탄생시켰는지는 분명치 않다. 적어도 수십만 년 전일 거라는 추측과 여러 가지 견해들이 있을 뿐이다.

❋❋❋

말은 무척 다양하다. 특히 우리말이 더욱 그렇다. 높임말이 있고 낮춤말이 있는가 하면 또래끼리의 말이 있다. 높임말도 몹시 높임말과 반쯤 높임말이 있고, 낮춤말도 아주 낮춘 말과 적당히 낮춘 말이 있다. 또

아랫사람이라도 가까운 사람에게 하는 낮춘 말이 있고 낯설거나 거리감이 있는 사람에게 하는 낮춘 말이 있다. 또래끼리 하는 말도 세대에 따라 차이가 있다. 그래서 우리 한글은 세계가 놀랄 정도로 과학적이고 합리적이고 어휘가 풍부하지만, 우리말은 무척 까다로운 말이다. 외국인들이 배우기에는 정말 어렵다.

또 욕설이 있다. 상대방을 욕하는 말이다. 세대 차이 없이 모두 알아들을 수 있는 전통적인 욕설이 있는가 하면 또래들이 쓰는 욕설이 있다. 그런가 하면 욕설이라고 할 수는 없지만 막말, 폭언, 비속어, 상대를 비꼬는 말, 빈정대는 말, 교묘하게 헐뜯는 말 등이 있다. 또래끼리만 알아듣는 은어도 있다.

때때로 적당한 욕설은 서로간의 친근감을 나타내기도 하지만 대개는 상대를 무시하거나 화나게 하는 말이다. 요즘 어린이, 청소년들 사이에서는 욕설이 거의 생활화돼 있다. 욕을 하지 않으면 이상한 아이, 자폐아와 같은 취급을 받는다. 친구들이나 학교에서 왕따 당하기 일쑤다.

말은 변화한다. 시대의 변화에 따라 쓰임새가 다르기도 하고, 새로운 말들이 생겨나기도 한다. 또 말끼리 서로 합쳐져 신조어新造語가 만들어지고 줄임말을 쓰기도 한다. 요즘 스피드 시대에 맞게 가령 '나는 꼼수다'는 '나꼼수' '해와 달을 품은 달'은 '해품달'로 줄여 써도 다 통한다.

뿐만 아니라 요즘은 '통신언어'라는 것도 있다. 휴대폰문자, SNS, 인터넷 등에서 주로 사용하는 언어로, 맞춤법, 문법 등을 무시하거나 심하게 줄임말, 난해한 어미語尾 등등을 서슴없이 사용한다. 사람이름도 줄인다. 이를테면 프로야구 LG트윈스의 이대형 선수는 '이댕' 작은 이병규는 '작뱅'이라고 써도 다 알아듣고 이해한다. 또 맞춤법을 무시하고 '축하'를 '추카' '각하'를 '가카' 등으로 표현한다. 이러한 언어세태에 적응하지 못하거나 말을 이해하지 못하면 자기 세대에 뒤처지는 구세대, 꼰대가 된다.

***

말은 유행성이 무척 강하다. 특히 속어, 비속어, 은어, 신조어, 새로운 욕설 등과 같이 자극적인 말들이 훨씬 빠르게 전파된다. 따라서 마치 그러한 유행어들을 써야 시대에 뒤지지 않는 신세대, 진보적인 인간인 것처럼 착각하게 된다.

물론 말이란 끊임없이 변하는 것이기 때문에 새로운 말, 신조어, 줄임말, 외계어와 같은 통신언어도 알아들어야 시대에 부응할 수 있고 새로운 사고방식이나 참신한 의식을 가질 수 있다. 하지만 알아듣는 것과 자신이 그러한 말들을 일상적으로 사용하는 것은 다르다.

버릇 가운데서 가장 중요한 버릇이 말버릇이며 살아가면서 가장 실수하기 쉬운 것도 말이다. 그래서 예부터 '말조심'이 큰 교훈으로 전해지고 있지 않던가? 한마디 말실수로 자신을 망치는 경우를 요즘도 흔히 본다. 국회의원 후보자의 막말 경력이 총선판도를 흔들어 놓았고, 어느 연예인은 과거의 막말이 문제가 돼 방송에서 퇴출됐다. 정치인들의 막말 한 마디는 정국을 흔들어 놓는다. '촌철살인'이라고 해서 단 한 마디

말로 상대방을 완전히 압도하고 제압한다.

　가까운 친구끼리나 또래들이 아니라면 말은 신중해야 한다. 더구나 공적인 자리에서는 더 할 나위가 없다. 말조심, 말실수를 안 하기 위해서는 항상 말하기 전에 한번 더 생각한 뒤 말을 꺼내고, 내가 많은 말을 하는 것보다 상대방의 말을 많이 듣는 '경청'이 중요하다는 것은 상식이다. 최근『이기는 대화』니『말 잘해야 성공한다』와 같은 대화법을 일러주는 서적들이 베스트셀러다. 그만큼 말이 중요하기 때문이다. 한결같이 강조하는 것은 자신의 의사를 논리적으로 조리 있게 적극 표현하되, 두 번 듣고 한번 말하라는 것이다.

　'말은 인격이다' '말은 그 사람의 품격이다' '말은 마음을 비추는 거울이다' 말에 대한 격언들이 수없이 많다. 그처럼 말이 중요하다는 뜻이다. 욕설, 막말, 비속어 등의 남발을 스스로 억제해야 한다. 친구끼리의 만남과 같은 그런 말을 해야 어울릴 분위기에서는 '유머'라는 아주 좋은 표현수단이 있다. 유머가 있는 사람은 남녀를 불문하고 누구나 좋아한다. 또한 남을 비하하거나 헐뜯고, 남의 약점, 외모, 하는 일 등을 가지고 조롱하고 비아냥거려 마음의 상처를 주는 말은 절대로 삼가야 한다.

✻ ✻ ✻

　말이야말로 완전히 습관이다. 일찍부터 올바른 언어습관을 갖는 것이 무엇보다 중요하다. 누구보다 품위 있고 지성적인 대학교수나 법관들조차 방송이나 SNS에서 함부로 말했다가 큰 곤욕을 치르는 것을 우리는 잘 알고 있다. 자신의 언어습관이 잘못돼 있다면 인간관계가 많아지는 20대에 반드시 고쳐야 한다. 어느 책의 서명書名처럼 정말 '말 잘해야 성공한다'

술 마시는 데서 인생을 엿본다

"애플은 밤새워 미친 듯이 일하는데 우리는 밤새워 미친 듯이 퍼마셔…"

우리의 그릇된 음주문화를 기획 시리즈로 다루고 있는 어느 일간지의 헤드라인이다.

❋❋❋

음주는 우리 생활과 떼어놓을 수 없다. 젊은이들은 친구, 직장동료들과 자주 어울리기 때문에 더욱 술을 많이 마신다. 만나면 음주가 절대 빠지지 않는다. 요즘은 젊은 여성들도 예외가 아니다. 어떤 형식의 만남이나 동료, 친구들과의 회식에 음주는 거의 기본이다. 술을 마시지 않으면 아예 대화가 되지 않을 정도다. 모임에 술이 없으면 분위기가 어색하다. 술을 마셔야 너나없이 말문이 터진다. 술을 못 마시면 모임에서 왕따 당하기 일쑤다. 남녀를 불문하고 술을 잘 마시면 으스대고 주량이 많을수록 자랑거리가 된다.

서울 홍대 앞을 비롯한 대학가, 젊은이들이 많이 모이는 대학로, 종로, 신촌 등등의 술집거리는 날이 어두워지면 밤새도록 흥청망청댄다. 이른바 '먹자골목'들도 그렇다. 밤을 지새우며 새벽까지 술 마시고 노래방에 가서 노래 부르고, 처음 경험하는 외국인들에게는 우리 젊은이들이 활기에 넘쳐있고 열정적이며 무척 낭만적인 것처럼 보인다.

대학마다, 학과마다 나름대로 전통을 지닌 신입생 환영회가 있다. 이 자리에는 학과의 전 학년이 참가한다. 신입생이 선배들에게 신고하는 자리이다. 역시 음주가 기본이다. 신입생의 신고식에서 절대 빼놓지 않는 절차가 술 마시는 것이다. 그것도 자기 술잔을 비우는 정도가 아니라, 참석자들이 모두 주시하는 가운데 사발, 대접, 병째 또는 컵을 가득 채운 소주를 단번에 마셔야 한다. 흔히 말하는 '원샷'이다. 여학생이라고 특별히 봐주지 않는다. 술자리에서 만큼은 완전히 남녀평등이다. 술 못 마신다는 구실은 통하지 않는다. 한 번에 대접을 비우지 못하거나 거절하거나 회피하면 선배들한테 찍히고 두고두고 큰 곤욕을 치러야 한다.

신고식은 원샷 이벤트에서 끝나지 않는다. 수많은 선배들이 한잔씩 권하는 술을 모조리 받아 마시고 잔을 돌려줘야 한다. 술이 약한 신입생에게는 엄청난 형벌이나 다름없다. 대학신입생 신고식에서 술 마시다가 죽은 학생이 한 두 명이 아니다. 술자리에서 쓰러져 응급실로 실려 갔다가 죽고, 간신히 집에 돌아왔지만 그날 밤을 못 넘기고 죽고, 정말 황당하게 죽는 것이다. 아마 외국인 유학생이 그런 폭음과 과음의 이벤트를 경험한다면 기절초풍할 것이다.

음주 자체가 크게 탓할 일은 아니다. 문제는 우리의 비뚤어진 음주문화이다. 우리의 음주는 끝장을 보는 것이다. 즐거운 분위기에서 적당히 마시고 헤어지는 것이 아니라 날이 샐 때까지라도 끝까지 마셔 마침내 쓰러지고 자빠지고 토하고 난장판이 돼야 끝이 난다. 그야말로 폭음이 음주문화라고 할 수 있다.

그러다 보니, 술집이 밀집한 곳의 경찰지구대는 '주취자酒醉者'들과의 실랑이와 난동처리가 일상사가 되고 가장 중요한 업무가 되고 있다. 쉴 새 없이 손님들이 술에 취해 난동을 부린다는 신고를 받고 술집으로 달려가고, 술 마시다가 자기들끼리 또는 옆자리의 손님들과 싸움을 벌여 지구대로 끌려와서 여전히 주먹을 휘두르고 마구 소리 지르고, 경찰관들이 잘잘못을 따져 사태를 다스리려고 하면 배째라는 식으로 나자빠지거나 오히려 경찰관들에게 욕설과 폭언을 쏟아놓으며 마구 덤벼들고…. 요즘 경찰서에서의 그러한 만취 난동자들에 대한 처벌이 강화됐지만 아랑곳하지 않는다.

술에 취하면 사람이 달라져서 아무하고나 시비를 붙으려 하고 난동을 부리는 행위를 예부터 '주사酒邪'라고 했다. 그런 사람을 '주사가 심하다' '주사를 부린다' '술주정이 심하다'며 경계했다. 말하자면 버릇, 술버릇이 잘못된 것이다. 그런데 요즘은 주사를 부리는 술버릇이 나쁜 사람들뿐 아니라 평소에 그렇지 않았던 사람들조차 술에 취하면 갑자기 과격해지는 사람들이 많다.

음주에 대한 관용도 문제다. 웬만한 실수나 만행은 "술에 취해서 그렇다"고 관용을 베풀고 음주자들은 자신의 그릇된 행위를 음주 탓으로 돌리며 용서를 구한다. "내가 술이 너무 취해서 제정신이 아니었다" "그때 술에 취했었기 때문에 아무런 기억도 나지 않는다"는 식으로 술 핑계를 대면 웬만한 책임은 회피할 수 있다. 법집행조차 피의자가 음주상태였다면 관대해지는 것이 문제가 될 정도다.

✱ ✱ ✱

끝이 보이지 않는 지속적인 경제침체로 생계조차 위협받고, 취업난으로 장래가 암울한 실정으로 한결같이 온갖 스트레스에 시달리다 보니 기성세대, 젊은 세대 가릴 것 없이 사회에 대한 분노가 가득하다. 때문에 욕설과 폭언이 많아지고 자기도 모르게 과격해져서 우발적이고 즉흥적으로 폭력을 휘두르게 된다. 술에 취해 이성이 흩어지면 더욱 쉽게 흥분하며 걷잡을 수 없이 과격해지고 흉폭해진다.

친구, 선후배와 술 마시다가 사소한 시비로 폭행살해, 술집에서 옆자리 손님과 시비가 붙어 칼부림 등등의 사건이 끊이지 않는다. 가정폭력도 술 취한 상태에서 벌어지는 경우가 가장 많다. 술만 마시면 폭력을 휘두르는 이른바 '주폭酒暴'이 최근 크게 늘어나고 있다. 많은 성폭행 사건들이 대부분 음주자들에 의해 자행된다. 음주상태의 만용으로 한 순간에 자신의 인생을 망치는 경우가 얼마든지 있다. 그래서 "사람이 술을 마시다가 마침내는 술이 사람을 마신다"는 말이 있다.

순수한 우리말인 '버릇'은 곧 습관을 말하는 것이다. 똑같은 행동을 되풀이하면 그것이 버릇이며 습관이다. 주사가 잘못 길들여진 술버릇인 것처럼, 술에 취하면 과격해지고 흉포해지는 것도 버릇이며 또한 습관이다.

요즘 음주, 흡연하는 청소년이 크게 늘어나고 있지만 보편적으로 술은 대학에 들어가서, 즉 20대가 되면서 배우게 된다. 옛날에는 "술은 어른 앞에서 배워야 한다"고 했다. 술 마시는 데도 주도酒道라는 예절이 있다. 부모나 어른 앞에서 배워야 처음부터 올바른 술버릇을 익힐 수 있기 때문이다. 하지만 오늘날은 어른 앞에서 제대로 주도를 익히는 경우는 극히 드물다. 대개 또래들끼리 즐기며 술을 배운다. 법도가 있을 리가 없다.

또래들끼리 마구 욕설을 주고받으며 누가 더 술을 잘 마시나 주량 겨루기를 하면서 거친 말들과 폭음을 익혀나간다. 음주의 첫 시작이 잘못된 행태에서 출발해서 어느덧 그것이 습관이 된다. 술을 마시지 않으면 말도 잘 안 한다. 술을 마셔야 비로소 대화가 활기를 띤다. 연인과 데이트할 때도 대개 함께 술을 마신다. 데이트 기간이 짧을수록 더하다. 일단 술이 입에 들어가야 용기 있게 속마음을 털어놓는다.

술은 기분 좋게 적당히 마셔야 한다. 이성이 마비될 정도로 과음하고 폭음하는 것은 자신을 파멸시키는 행위다. 인사불성, 토사곽란을 일으킬 정도로 폭음했다는 것이 결코 자랑거리가 될 수 없다. 술버릇은 아직 그것이 습관화되지 않은 20대부터 올바르게 길들여야 한다. 한번 잘못 길들여져 나쁜 버릇이 되면 좀처럼 고치기 어려운 것이 술버릇이다.

거짓말을 반복하지 말라

우리말에는 습관이나 버릇을 일컫는 낱말들이 많다. 이를테면 -꾸러기, -쟁이, -돌이, -보와 같은 것들이다. 장난꾸러기, 말썽꾸러기, 잠꾸러기, 개구쟁이, 말썽쟁이, 떼쟁이, 꾀돌이, 날쌘돌이, 곰돌이, 잠보, 꾀보, 느림보…. 이러한 말들은 어떤 개인의 특성, 즉 그 사람이 항상 되풀이하는 습관과 버릇을 특정지어 하는 말이다.

'-장이'라는 낱말도 있다. 쟁이와 장이는 함께 쓰이기도 하고, 혼동되어 쓰이기도 하지만, 보편적으로 -장이는 어떤 업종이나 직업의 종사자를 낮추어 하는 말로 쓰일 때가 많다. 숙련된 전문가를 가리키는 장匠의 뜻으로 장인匠人을 낮춰 부를 때 쓰인다고 보면 된다.

쟁이 가운데 결코 빼놓을 수 없는 것 하나가 '거짓말쟁이'다. 습관적으로 거짓말을 많이 하는 버릇이 있는 사람을 가리키는 말이다. 일반적으로 여성들에게 많지만 남성들도 적지 않다. 어떤 경위로든 거짓말쟁이로 낙인이 찍히면 얼핏 대수롭지 않을 수도 있지만, 사실 대인관계에서 치명적이다.

거짓말은 어떤 사실을 몰라서 잘못 말하거나 오해하는 것과 다르다. 사실을 알고 있으면서 자신을 옹호하기 위해 일부러 딴소리 또는 그릇된 소리를 하는 것이 거짓말이다. 결국 의도적으로 남을 속이거나 골탕 먹이려고 하는 말이다.

물론 선의의 거짓말도 있다. 갑작스런 슬픔이나 충격을 줄여주기 위해 일부러 거짓말로 진정시킬 때도 있고, 용기와 자신감을 북돋아 주기 위해 거짓말을 할 때가 있다. 또한 유머도 거짓말의 일종이며 사람들을 웃기기 위해서 사실을 과장해서 말하는 것도 거짓말이다. 당연히 악의惡意가 있는 것이 아니며 상대방에게 아무런 피해를 주지 않는다. 상대방도 곧 거짓말임을 알아차린다.

※ ※ ※

그러나 습관적인 거짓말은 그와 다르다. 다분히 의도적이고 의식적이다. 결과적으로 상대방은 어떤 사실에 대해서 잘못 알게 되거나 오해한다. 굳이 악의가 없다하더라도 상대에게 피해를 준다. 상대방은 순간적으로 거짓말에 속아 넘어가지만 진실은 반드시 밝혀진다. 언젠가 사실을 알게 됐을 때는 거짓말쟁이에게 몹시 화를 내고 싸우거나 아니면 신뢰하지 못할 인간으로 치부해 버린다.

우리 국민 대다수가 정치인들을 신뢰하지 못하는 이유 중에 하나가 거짓말을 너무 많이 하기 때문이다. 조금 과장하면 거짓말을 밥 먹듯이 한다. 정계에 진출할 때는 서슴없이 정의, 양심, 정직 등을 내세우지만 입문하고 나면 국민과의 약속을 헌신짝처럼 내던지고 온갖 거짓말을 쏟아 놓는다. 말과 행동이 완전히 다르다. 그게 정치이며 그게 정치적 수사라고 착각하는 모양이다. 갖가지 비리를 저지르고 검찰에 소환될 때, 한결같이 "단돈 10원도 받은 적 없다" "그 사람의 얼굴도 모른다"며 능청스럽게 거짓말을 하고 마침내 비리가 확인돼 처벌을 받는다.

* * *

우리 주변에 있는 거짓말쟁이들의 습성을 한번 살펴보자.

거짓말쟁이들은 친구들 사이에서도 자신이 중심이 되고자 하는 습성이 아주 강하다. 때문에 상대에 따라 거짓말이 다르다. 예컨대, A가 농담처럼 가볍게 "B는 약속을 잘 지키지 않는 편이야"라고 했다면 거짓말쟁이는 B에게 아주 과장해서 진지하게 말한다. "네가 약속을 지킬 줄 모르고 신용이 없어서 자주 피해를 입는다고 A가 크게 걱정하더라" 하는 식이다. B는 당연히 A에 대해 불쾌감과 배신감을 느끼게 된다. 아주 작은 농담이라도 부풀려 말해 이간질을 시키는 것이다. A와 B는 서로 오해하며 거리가 멀어진다. 거짓말쟁이는 그럼으로써 자기하고만 가깝게 지내도록 만든다.

하지만 그런 이간질은 오래 가지 못한다. A와 B가 언젠가 사실을 알고 나면 마침내 거짓말쟁이가 따돌림을 당한다. 그래서 거짓말쟁이 주변에는 사람이 없다. 그러면 또 달콤한 거짓말로 다른 사람을 사귀고 한동안 친하게 지내다가 역시 이간질 등으로 또 멀어진다. 즉 그러한 진실성 없는 대인관계를 되풀이 하면서 결국 자신이 외톨이가 된다.

거짓말쟁이들은 과장과 허풍이 많다. 기침 두 번만 해도 "감기몸살이 너무 심해 엄청나게 고생했어"라는 식으로 말한다. 짝퉁 명품을 가지고 다니면서도 진짜 명품이라고 우긴다. 주변사람들이 처음에는 속아 넘어가지만 얼마 지나지 않아 사실을 다 알게 된다.

거짓말쟁이는 자기중심적이고 자기애가 강하다. 애인에게 버림을 받고도 자기가 애인을 차버렸다고 말한다. 지하철이나 버스에서 이성과 두 번만 마주치면 자기를 좋아하는 것 같다, 심지어 자신이 스토킹당하고 있다고 허풍을 떤다.

거짓말은 확장되는 속성이 강하다. 거짓말이 거짓말을 낳는다. 거짓말쟁이는 자신의 거짓말이 들통 나면 온갖 핑계와 변명을 늘어놓으며 또 다른 거짓말로 무마하려 한다. 이렇게 핑계와 변명, 거짓말이 확장되면서 나중에는 자신이 어떤 거짓말을 했는지조차 헷갈린다. 그래서 거짓말이 들통 나기 마련이다.

냉정하게 말하면, 거짓말을 잘하는 사람은 부정직하고 비양심적이다. 거기다가 지나치게 자기애가 강하고 자기중심적이어서 거짓말하는 습관이 고착화되면 자기애적 인격 장애자가 되기 쉽다. 그쯤 되면 정신질환자다. 대인관계에서 신뢰를 잃으면 원만한 인간관계를 형성하기 어렵고 주변의 도움이 필요할 때 도움을 받기 어렵다.

우화 '양치기 소년'을 누구나 알고 있다. 양치는 소년이 늑대가 나타났다고 거짓말을 외쳐대자 마을사람들이 모두 소년을 도와주려고 나섰다. 소년은 자기 거짓말에 마을 사람들이 속는 게 너무 재미있었다. 그래서 거짓말을 되풀이했다. 사람들이 한 두 번은 속을지 모르지만 계속해서 속지는 않는다. 그러다가 정말로 늑대가 나타났다. 양치는 소년은 자신의 양들이 위기에 처하자 늑대가 나타났다고 마구 외쳤지만 마을사람들은 또 거짓말을 하는 줄 알고 아무도 나타나지 않았다.

거짓말을 자주하는 사람은 신뢰를 잃어 양치기 소년과 같은 처지가 되기 십상이다. 두 말 할 것 없이 거짓말은 습관이다. 특히 어려서부터 습관화되기 쉬운 것이 거짓말이다. 20대가 체질적으로, 성격적으로 거짓말하는 습관을 가지고 있다면 다른 일 모두 제쳐 놓고 그 버릇부터 고쳐야 한다. 그래야 원만한 대인관계를 구축해 나갈 수 있다.

욱하는 성질을 버려라

사람은 누구나 저마다의 성격이 있고 성질이 있다. 성격과 성질은 같은 뜻으로 쓰이기도 하지만, 성격은 품격이나 품성과 함께 좀 더 포괄적인 개념으로 쓰이고, 성질은 그 보다는 격이 떨어지는 생물학적 기질, 동물적 본성, 습성 등을 가리키는 경우가 많은 듯하다. 사람마다 지니고 있는 특징적인 습관은 그 사람의 성격이 될 수도 있고 성질이 될 수도 있다.

하지만 흔히 '성질이 더럽다' '성질이 사납다' '성질이 못됐다' '성질이 급하다'라는 표현을 쓰지만 그런 부정적인 본성이나 습성을 '성격'으로 표현하는 경우는 드문 것 같다. 역시 성격은 성질보다 격이 높은가 보다. 아무튼 성격도 그 사람의 많은 습관들에 의해 형성되지만 성질은 습관을 빼놓고는 얘기할 수 없다. 성질은 곧 습관에 의해 만들어지는 것이다. 다른 표현으로는 '성깔' '성미' 등이 있다.

　우리는 주변에서 갖가지 성질을 가진 사람들을 본다. 욱하는 성질, 깐죽대는 성질, 깐깐한 성질, 난폭한 성질, 툭하면 화내고 성을 내는 성질, 항상 신경질적이고 짜증내는 성질, 상대와 조금만 다투면 주먹이 앞서는 사나운 성질, 무조건 시비를 거는 성질, 남을 비꼬거나 약 올리는 성질, 고자질 잘하는 성질, 강자에게 아부, 아첨을 잘하는 성질 등등 다양한 성질의 사람들이 주변에 있다. 대체적으로 성질은 성격과 달리 부정적이고 바람직하지 못한 습관이 많은 것 같다.

　그런 부정적인 성질 가운데 '욱하는 성질'을 얘기하고 싶다. 욱하는 성질은 너무 성미가 급해서 사리판단과 이성을 잃고 자주 크고 작은 실수를 저지르기 때문이다.

　우리말의 '욱'은 격한 감정이 불끈 일어나는 모양을 가리키는 말이다. '욱하다'는 앞뒤를 헤아림 없이 격한 마음이 불끈 일어나는 경우를 가리킨다. 말하자면 상황판단을 제대로 하기도 전에 침착함이나 참을성 없이 불끈 화부터 내고 성을 내는 좋지 않은 성질이다. 그에 따라 욕설이 나오고 거친 행동이 뒤따라 문제가 되는 성질이다.

✽✽✽

　최근의 보도에 따르면, 대구에서 신혼 3개월째인 젊은 부부가 서로 다투었는데 아내가 여자친구들끼리 여행을 다녀온 것을 남편이 몹시 화를 내며 "어휴, 이걸 확 죽여 버릴까 봐" 했다. 그러자 아내가 "죽여 봐"

하고 맞받았다. 이 말에 남편이 욱하는 성질을 참지 못하고 정말 아내의 목을 졸라 죽이는 황당한 사건이 있었다. 욱하는 성질이 젊은 나이에 자신의 인생을 망친 사례의 하나라고 볼 수 있다.

욱하는 성질은 참을성이 부족한 사람들에게 나타난다. 순간적으로 쉽게 흥분하고 조금만 자기 비위에 거슬려도 벌컥 화를 내고, 말보다 손찌검이 앞설 때가 많고 욕설과 막말을 쏟아놓는다. 욱하는 성질이 격화되면 완전히 이성을 잃고 물불을 안 가린다. 따라서 폭력이 동반되는 경우가 많다. 한마디로 생각과 판단보다 행동이 앞서는 사람이다. 특히 술이 취하면 더욱 이성을 잃고 난폭해져 폭력을 앞세운다.

이와 같은 욱하는 성질은 세대차이가 거의 없지만 아무래도 혈기가 왕성하고 생각보다 행동이 앞서는 20대, 30대의 젊은이들 가운데 더 많다. 앞에서 지적한 대구의 젊은 신혼부부 사건뿐 아니라, 매스컴에 욱하는 성질로 일으킨 사건들이 끊임없이 보도되고 있다.

친구나 선후배가 술을 마시다가 아주 사소한 시비와 오해로 갑자기 흉기를 휘둘러 살해했다거나 자기를 모함한 사람을 찾아가 살해했다거나, 헤어지자는 연인의 말에 격분해서 목을 졸라 살해했다거나. 심지어 꾸중하는 부모를 흉기로 살해한 사건도 있었다. 대개 살인이라는 극단적인 행동이 목표는 아니었지만 욱하는 성질 때문에 자기도 모르게 돌이킬 수 없는 극단적인 행위를 저지르고 만 것이다.

이처럼 욱하는 성질이 강한 사람에게 흔히 해주는 충고가 "성질을 좀 죽여라"이다. 정말 자기 성질을 죽이지 않으면 눈 깜짝할 사이에 전혀 예상하지 못했던 엄청난 일을 저지르고 자신의 인생을 파멸로 몰아넣는 경우가 많다. 힘들게 좋은 직장을 얻었다가 업무 중에 상사의 꾸중을 견디지 못하고 폭행해서 해고된 젊은이도 있다. 유명한 외국기업 한국지사에서 좋은 지위에 있다가 작은 실수를 저지른 부하 여직원의 뺨을 때려 쫓겨난 40대도 있었다.

✳ ✳ ✳

"성질을 좀 죽여라" 하는 것은 바꿔 말하면 "참아라" "참을성을 가져라"가 될 것이다. 욱하는 성질이 있는 사람은 대부분 자기 자신이 문제점이 있다는 것을 잘 알고 있으면서도 되풀이한다. 욱하는 성질이 습관화되고 체질화됐기 때문이다. 자신의 문제점을 안다면 어떡해서든지 고쳐야 한다. 그 첫 단계가 성질을 죽이는 것, 참는 것이다. 무조건 참아야 한다. 자기도 모르게 거친 말과 행동이 나오기 전에 '참자!'를 세 번쯤 혼자 뇌까리며 다짐해야 한다.

다음 단계는 항상 자기는 옳다는 독선에서 벗어나야 한다. 남은 나와 얼마든지 생각이 다를 수 있으며 나의 성급한 판단이 오해에서 비롯될 수 있으며 나의 판단이 사실과 완전히 다를 수 있고, 나의 판단보다 다른 사람의 판단이 옳을 수 있다는 사실을 인식하는 습관을 길러야 한다. 여기에는 철저한 자기반성도 반드시 필요하다.

다음은 너그러움을 키우는 것이다. 세상이 반드시 내 뜻대로 움직이는 것은 아니다. 또한 세상사에 절대적인 것은 거의 없다. 이럴 수도 있고 저럴 수도 있다. 누구나 자기대로의 개성과 성격을 가지고 있다. 모두 나와 일치하지 않는 것이 너무 당연하다. '서로 다름'을 수용해야 한다. 그것이 곧 '너그러움'이다.

　너그러운 마음을 갖는 것은 세상과의 조화이며 소통이다. 아울러 인간관계를 원만하게 만드는 핵심적인 요소이다. 너그러움은 남에 대한 배려에서 출발한다. 배려하는 마음은 인내와 긍정적인 사고의 훈련, 그리고 꾸준한 노력으로 습관화시키고 생활화시킬 수 있다.

받는 것보다 주는 데 서슴없어라

우리 인간에게는 강한 소유욕구가 있다. '내 것'을 확보하려는 욕구로, 생존본능과 밀접한 관계가 있다. 즉 먹이를 차지하려는 본능이다. 들판에서 수렵채집으로 먹이를 구했던 원시인류는 먹이를 차지해야 생존할 수 있었다. 먹이를 구했지만 남한테 빼앗기지 않으려 했다. 어떻게 해서든지 내 것을 소유하려고 했다.

포식동물들도 마찬가지다. 먹이를 사냥하면 다른 힘센 동물에게 빼앗기지 않기 위해 재빨리 먹어치우거나 숨겨 놓거나 다른 동물이 접근하지 못하게 나무 위로 가지고 올라가 자기 소유의 먹이를 지켰다.

약 1만여 년 전 인류가 농경農耕을 시작하고 정착하면서 자신의 경작지를 갖고 지키려는 욕구는 더욱 강해졌다. 자신이 죽음을 맞이하면 자기 유전자를 지닌 아들에게만 물려줬다. 자식을 낳아주는 여자도 남자의 소유였다. 내 땅, 내 아들, 내 여자…. 모두 내 것을 소유하려는 욕구에서 나온 것이다.

어린 아이들도 내 밥그릇, 내 숟갈, 내 장난감 등 자기만의 것을 소유하려 한다. 다른 아이의 것을 빼앗아 내 것으로 만들기도 한다. 어린아이들은 자기 것을 빼앗기지 않으려고 필사적으로 저항한다. 모두 내 것을 소유하려는 생존본능을 물려받았기 때문이다.

＊＊＊

그러나 모든 동물 가운데서 유일하게 인간은 자기 것을 남에게 줄 줄 아는 동물이다. 뛰어난 지능과 섬세하고 다양한 감정을 지니고 있는 덕분이다. 동물에게는 자기 먹이를 강제로 빼앗기기 전에는 스스로 다른 동료에게 준다는 것은 상상할 수 없는 일이다. 주는 것이야말로 인간만이 지닌 가장 지적이고 감정적인 행위이며 '인간다움'을 말해주는 것이기도 하다.

그렇지만 보편적으로 아주 많은 사람들이 자기 것을 남에게 주기보다 남으로부터 무엇이든 받기를 좋아한다. 선물, 기념품, 사은품, 경품, 되도록 공짜로 받기를 좋아한다. 누가 아무런 조건 없이 큰돈을 준다면 더없이 좋아할 것이다. 무엇인가 받음으로써 내 소유, 내 것이 그만큼 늘어나기 때문이다.

주는 입장은 경우에 따라 다르다. 주는 경우가 있고 대가를 받고 주는 경우가 있다. 일반적으로 주더라도 그 대가를 보상받는 것이 상식적이다. 가령, 의사는 다급한 환자를 치료해 준다. 그래서 의사는 '치료해 줬다'고 말하고 환자는 '치료받았다'라고 말한다.

하지만 치료받은 대가로 치료비를 내야 한다. 직장에서 오너는 월급을 줬다고 하고, 노동자는 월급을 받았다고 말한다. 월급은 내가 열심히 일해 준 대가다.

아무 조건 없이 아낌없이 주는 것. 두 말이 필요 없다. 바로 어머니의 베풂이다. 우리를 낳아주고 길러주고 키워주고 보호해주고 공부하게 해주고, 자식이 결혼하고 출가하더라도 먹을 것, 반찬 한 가지라도 챙겨주려 한다. 모든 것이 주는 것뿐인 어머니다. 또한 자식한테 아주 작은 것이라도 받으면 더할 수 없이 감격스러워 한다. 그래서 어머니는 위대하고 거룩하다.

우리는 그것을 '사랑'이라고 말한다. 남녀 간의 사랑도 그렇다. 사랑을 받기보다 사랑을 주는 것이 더 참다운 사랑이고 아름답다고 말한다. 옳은 말이다. 진정한 사랑은 주는 것이다.

*＊＊

젊거나 나이 들었거나 세상살이가 팍팍해 지면서 우리는 남에게 '주는 것'에 무척 인색해졌다. 혈육 간, 일가친척 간에도 좀처럼 주고 베풀려 하지 않는다. 오히려 조금이라도 더 받으려고만 한다. 점점 자기중심으로 이기적이며 탐욕스러워진다. 삭막하고 살벌하기까지 하다. 불우이웃돕기, 베풀기, 기부, 나누기 등이 사회캠페인으로 한창인 것도 세상을 따뜻하게 하고, 인간다운 삶을 가꿔 나가자는 뜻이다.

남에게 준다는 것이 어머니의 사랑처럼 크고 무한한 것만을 얘기하는 것이 아니다. 어려운 처지에 있는 친구를 도와주고, 내가 기여할 수 있는 일에 힘을 보태고, 정의로운 일에 앞장서고, 이웃에 봉사하고, 혈육이나 일가친척에게 어려움이 있으면 몸을 사리지 않고 정신적, 물질적으로 능력껏 도와주는 것, 이러한 일들이 모두 '주는 것'이다.

또한 '주는 것'에는 진정성이 있어야 한다. 지금 우리 사회에는 과시하기 위해, 선전하고 홍보하기 위한 쇼맨십, 과시성의 주는 행위들이 많다. 그것은 결코 오래 갈 수 없고 받는 사람에게 감동을 주지 못한다. 준다는 것은 자신을 위한 것이 아니라 우리 사회, 우리 공동체의 남을 위한 것이다.

우리 주변을 보면 남에게 인색하고 욕심이 많은 친구가 있는가 하면 연필 한 자루라도 남에게 잘 주는 친구가 있다. 주는 것, 베푸는 것은 경제논리로 따지면 손해 보는 행위인 것 같지만 전혀 그렇지 않다.

많은 것을 주는 사람일수록 많이 얻는 것이 있다. 바로 '사람'을 얻는 것이다. 진정성 있는 베풂, 절실할 때 무엇인가 받은 사람은 되도록 그 도움을 갚으려 한다. 뜻하지 않게 곤경에 처했을 때 무엇인가 주었던 사람들, 나한테 무엇인가 받은 사람들이 자발적으로 나서서 적극 돕는다.

20대는 가진 것이 부족하고 지금까지 대개 받기만 하고 자라났기 때문에 '준다'는 것에 익숙하지 못하다. 받는 것도 습관이며 주는 것도 습관이다. 습관들 가운데서도 아주 분명한 습관이다. 주는 습관을 길들여

가면 마침내 수많은 사람들이 나의 성공을 돕는다. 그리하여 성공을 '내 것'이 되게 한다.

네 탓하지 말고 내 탓임을 먼저 깨달아라

가톨릭의 참회 기도 가운데 이런 구절이 있다.

"전능하신 하느님과 형제들에게 고백하오니, 생각과 말과 행위로 죄를 많이 지었으며 자주 의무를 소홀히 하였나이다. 제 탓이요, 제 탓이요, 저의 큰 탓이옵니다. 그러므로 간절히 바라오니…."

가톨릭 신자들은 미사 때마다 신부와 함께 이 참회의 기도를 하며 자신의 가슴을 주먹으로 세 번 친다. 잘못된 모든 것들이 내 탓이라는 참회다.

어린이, 청소년 때는 오직 자기 주장만을 내세우며 고집을 부리기 일쑤다. 삶에 대한 별다른 경험이 없기 때문에 무조건 자기 생각이 옳다고 여겨지는 탓이다. 그래서 무엇이 잘못되면 무턱대고 남을 탓하게 된다. 어린이들이 악을 쓰거나 울며불며 "엄마 때문이야"라는 말을 많이 하는 것이 그런 경우다.

　20대도 크게 다르지 않다. 역시 삶에 대한 경험이 많이 부족하기 때문에 자기중심의 독선적이기 쉽다. 자기는 무조건 옳고, 남은 무조건 틀렸다는 일방적인 자기생각에 지배당하는 것이다. 어린이나 청소년 시절, 부모가 옳고 그름을 가려 올바르게 판단하는 습관을 길러줘야 하는데, 아이들의 고집을 귀엽게 여기고 또 화를 내는 아이를 달래기 위해서 부모가 "그래, 그래, 엄마가 잘못했어"라고 하면 성장하면서 변함없이 자기는 무조건 옳다는 독선적인 생각과 습관을 갖는다.

　이러한 그릇된 습관을 갖게 되면 20대에 들어와 부모의 간섭없이 독자적으로 행동하면서 바깥세계, 친구를 비롯한 인간관계에서 먼저 큰 혼란을 겪게 된다. 주변 사람들의 생각과 판단과 행동이 자신과 크게 다르기도 하고 다양하기 때문에 옳고 그름에 대한 판단의 혼란이 오는 것이다.

　그럴 경우, 남들이 옳을 수도 있다는 사실을 인정하고 수용할 수 있어야 하는데 오직 자기가 옳다는 독선이 습관화돼 버리면 남의 생각과 행동을 받아들이지 못한다. 따라서 무조건 자기주장을 고집하게 되고 자기주장이 받아들여지지 않으면 분노와 증오심을 갖는다. 그와 함께 차츰 부정적인 인간으로 변해 간다. 자신과 관련 있는 모든 세상사나 인간관계를 자기중심의 부정적인 시각으로 바라보며 모두 남을 탓하거나 사회가 잘못된 탓으로 돌리는 것이다.

✻✻✻

　부정적인 사람은 대인관계가 원만하지 못하고 사회생활에 적응하기가 힘들다. 모든 잘못을 남의 탓으로 돌리고 헐뜯기 때문에 주변 사람들이 기피하는 외톨이가 되고 관계를 단절시키는 경우가 많아 자신을 스스로 궁지에 몰아넣게 된다. 말하자면 자기 발전에 큰 걸림돌이 되는 것이다.

　자기만 옳다는 생각이야말로 위험천만한 사고방식이자 그릇된 의식이다. 이 세상의 어떤 사람도 완벽하게 옳을 수는 없다. 인간관계에서 얼마든지 다른 사람의 생각과 판단이 옳을 수 있다. 어떤 상황에서 결과가 좋지 않을 때, 냉정하게 객관적으로 생각하며 내가 틀릴 수 있다는 포용력을 가져야 원만한 인간관계를 이루어 나갈 수 있다.

　남을 탓하기에 앞서 먼저 내 탓, 자신의 잘못을 시인할 줄 아는 태도가 중요하다. 가령 스포츠 경기에서 자기 팀이 패배했을 때, 감독은 선수들을 탓하고 선수들은 감독을 탓한다면 그 팀은 팀워크가 깨지고 좀처럼 승리하기 어렵다.

　대통령이나 최고의 지위에 있는 사람들이 자신의 친인척이나 주변인물이 비리에 연루됐을 때, 한결같이 자신의 '부덕의 소치'라며 머리를 숙인다. 물론 자신은 잘못이 없지만 자신이 덕이 모자라서 가까운 주변에서 그런 일이 일어났다면 내 탓이라는 것이다.

　누구에게나 그릇된 판단, 실수, 시행착오가 있을 수 있다. 잘못된 행동보다 더 중요한 것이 자신의 잘못을 인정하는 태도다. 그래야 발전한다. 이 세상에 절대적인 것은 거의 없다. 이럴 수도 있고 저럴 수도 있는 것이 세상이다. 남의 생각과 판단, 행동이 나보다 더 옳을 수 있다. 자기 잘못을 깨닫고 남을 존중할 줄 아는 것이 바로 덕德이다.

※ ※ ※

조선 초기 태종, 세종 때의 명재상이었던 황희 정승에게 잘 알려진 이런 일화가 있다.

집안의 하녀 둘이서 다투다가 황 정승 앞에 와서 각자 자기주장을 늘어놓는데 먼저 말한 하녀의 말을 듣고 "네 말이 옳다"고 했다. 이어서 또 다른 하녀의 말을 듣더니 "네 말도 옳다"고 했다. 그 말을 들은 조카가 "누구 말이 옳은지 가려줘야지 모두 옳다고 하시면 어떡합니까?" 하자 "네 말도 옳구나"라고 했다. 얼핏 우유부단해 보이지만 그러한 포용력이 바로 '덕'이다.

황희 정승은 온갖 격변이 난무하던 조선 초기에 무려 60년이나 관직에 있으면서 우의정, 좌의정, 영의정, 최고의 관직을 두루 거쳤다. 덕이 있는 사람은 적이 없기 때문이다. 그러한 덕, 덕성은 큰 포용력을 갖고 남을 존중하는 데서 나온다. 자기 중심적인 사고로 남을 탓하기에 앞서 먼저 내 탓이라는 생각을 갖고, 세상사와 사람을 항상 긍정적으로 바라보는 습관을 늦어도 20대부터는 키워 나가야 한다.

오늘이 전부다, 내일은 없다고 여겨라

위인들이나 크게 성공한 인물들의 한결같은 충고는 "오늘 할 일을 내일로 미루지 마라"다. 오늘 처리해야 할 일을 뒤로 미루는 사람이 그만큼 많다는 얘기다. 당연히 우리 주변에도 그런 젊은이들이 무척 많다. 꼭 해야 할 일을 뒤로 미루는 습관은 습관 가운데 가장 좋지 않은 습관의 하나다.

그런 사람들이 당장 앞에 놓여있는 일을 뒤로 미루는 데는 여러 가지 형태가 있다. 먼저 꼭 해야 일을 뒤로 미룬다.

"오늘은 기분이 안 좋다. 내일하자."

"오늘은 친구와 술 마시고 내일부터 시작하지."

"오늘 꼭 해야 하는 건 아냐."

"아직 여유가 있어."

"오늘은 웬지 일하기 싫은데. 내일부터 하지 뭐."

뒤로 미루는 이유와 구실이 많다. 살펴보면 대개 대수롭지 않거나 사소한 이유들이다. 약속조차 뒤로 미루는 경우가 많다.

"오늘 날씨가 너무 안 좋다. 내일 만나는 게 어때?"

"어이, 내가 컨디션이 좀 안 좋거든. 꼭 오늘 만나야 할 이유는 없지?"

"미안해. 갑자기 일이 생겼어. 다음에 만나자."

"오늘은 나가기 싫어. 다음에 만나."

미리 약속을 정해 놓고도 당일에, 별다른 이유 없이 뒤로 미룬다. 아니면 아무 연락도 하지 않고 전화조차 받지 않는다. 연락이 되더라도 약속을 잊어버리고 딴 일을 하거나 잠을 자고 있는 사람도 있다. 나중에 확인해 보면 약속을 지키지 못할 피치 못할 사정이 있는 것이 아니라, 대개 자기기분이나 감정에 많이 좌우된다.

이런 사람은 약속을 지키더라도 대다수가 시간을 잘 안 지킨다. 남들보다 훨씬 늦게 나타난다. 다른 사람들은 약속시간을 잘 지키는데 자기만 항상 늦는다. 그리고 길이 무척 막혔다는 등 설득력 없는 핑계를 댄다. 길이 자기만 막히는 게 아니다. 교통이 번잡한 곳에서 약속이 있다면 길이 막혀 더 걸릴 시간까지 감안해야 하는데 말이다. 결국 남에 대한 배려가 부족하고 남의 입장은 전혀 생각하지 않는 사람이다.

내일로 미루는 사람은 금전거래와 같이 꼭 지켜야 할 약속도 잘 지키지 않는다. 빌린 돈을 돌려줘야 하거나 대금지불 약속날짜가 분명히 정해져 있으면 미리 미리 돈을 준비해야 하는데 그 전날까지 태평하거나 아예 지불날짜를 까먹는 사람도 있다. 상대로부터 확인과 독촉전화를 받고서야 깜짝 놀란 척 한다.

"야, 돈 갚아야 할 날이 오늘이냐? 깜빡했다. 며칠만 더 여유를 줘라."

은행대출 상환날짜나 거래처의 대금지불날짜도 그런 식으로 미룬다.

"죄송합니다. 돈이 좀 안 돌아서 그러는데 조금만 뒤로 늦춰주십시오."

친구처럼 편한 사이에서 좀 심하면,

"야, 임마, 돈이 없을 수도 있는 거 아냐? 네 돈 안 떼어 먹을 테니 걱정하지 마"

오히려 화를 낸다. 일에는 마감기일이 있는 것들이 많다. 마감일까지 완료를 해야 하거나 납품을 해야 할 경우에도 뒤로 미루는 습관이 있는 사람은 잘 지키지 않는다. 마감일이 코 앞에 닥칠 때까지 무턱대고 놀거나 천천히 진행하다가 며칠 남겨놓고 허겁지겁 서두른다. 마감이 잘 지켜질 리가 없다. 또 미리부터 독촉을 받고 마감을 지킨다고 해도 갑자기 서둘러서 대충대충 처리한 일의 내용이 부실하기 일쑤다.

납품날짜를 안 지키면 다른 사람의 사업까지 큰 피해를 준다. 그런데도 "아직 제작이 덜 끝났습니다. 서두르고 있는데 자꾸 늦어지네요. 납품날짜를 며칠만 늦춰주십시오" 하며 태평하게 말한다.

또한 미루는 습관이 있는 사람들은 일처리를 효율적으로 하지 못하고, 일의 중요성이나 시간성에 있어서 우선순위를 가리지 못한다. 아주 중요한 일, 빨리 처리할 일을 뒤로 미루고 불필요한 일, 전혀 급하지 않은 일, 하지 않아도 될 일 등을 먼저 한다.

내일이 시험인데 밤늦도록 TV, 인터넷에 매달려 있기도 한다. 왜 중요한 일, 급한 일이 하기 싫고 귀찮은지, 왜 뒤로 미루는지 자기 자신도 잘 모르는 경우가 많다. 그저 습관적으로 그런 행동이 나오는 것이다.

※ ※ ※

이처럼 오늘 해야 할 일을 내일로 미루는 습관이 있는 사람들의 가장 큰 문제점은 남들에게 성실성이 부족하다는 인상을 준다. 성실성이 부족하다는 것은 믿을 수 없다는 것으로 사람들에게 신뢰감을 주지 못한다. 당연히 신용이 없다. 또 사실이 그렇다.

뿐만 아니라 스스로 게으르다는 것을 나타내며 일하는 자세가 올바르지 못한 인간임을 광고하는 거나 다름없다. 이런 사람은 원만한 인간관계나 성공을 기대하기 어렵다. 그 때문에 위인들이나 성공한 사람들이 한결같이 오늘 할 일을 내일로 미루지 말라고 충고하는 것이다.

특히 사회에 첫걸음을 내딛게 되는 20대가 미루는 습관을 가지고 있다면 그것은 자신에게 치명적인 단점이 된다. 첫 인상부터 불성실하고 신용이 없는 사람으로 단정지어 진다면 사회생활은 험난할 수밖에 없고 성공은 요원해진다. 그런데 뜻밖에 20대들한테 이런 좋지 않은 습관을 지닌 젊은이들이 무척 많다. 그러면서 자신을 합리화시키려 한다.

"그럴 수도 있는 거 아냐? 인간이 기계냐? 어떻게 기계처럼 정확하게 살아?"

"나는 원래 그런 인간이야."

"나는 아등바등하며 살기 싫어. 여유롭게 살고 싶어."

"사람이 너무 칼 같으면 인간미가 없잖아."

모두 자기 합리화를 시키는 구실과 핑계에 불과하다. 그런 정신자세로는 불의, 비리와도 타협하며 '그럴 수 있지, 뭐' 하며 자기를 합리화시키게 된다. 자신의 행동은 자신의 마음가짐에서 나온다. 또한 더러는 너무 뻔한 얘기라며 별 관심 없어 할지 모르지만 이 세상의 모든 진리는 가장 평범한 것에, 가장 상식적인 것에 있다는 사실을 알아야 한다. 너무 뻔한 것일수록 반드시 지켜야 할 것들이다.

다른 사람을 무시하는 건 금물

　각급학교에서 폭력과 집단 따돌림이 큰 문제가 되고 있다. 학교뿐 아니라 사회문제가 되어 갖가지 대책들이 쏟아져 나오고 있지만 큰 효과를 거두지 못하는 실정이다. 초·중·고등학교 중에서 중학생들이 가장 심한 것 같다. 한때는 고등학생들의 비행이 많았지만 지금의 고등학생들은 대학입시준비에 쫓기기도 하고 거의 성인이나 다름없어서 그런지, 요즘은 중학생들이 그 자리를 차지하고 있다.

　요즘 중학생들은 체격이나 성적性的 성숙도 등이 지난날의 고등학생들과 맞먹는다. 불량 중학생들은 음주, 흡연은 물론, 성폭행, 성추행을 서슴없이 저지른다. 가출학생도 많고 심지어 원조교제 등의 성매매를 하는 여중생들도 있다. 그처럼 빗나간 중학생이 아니더라도 그들 사이에는 폭력과 왕따가 대수롭지 않은 행위가 되고 있다.

각급학교에서의 폭력과 왕따 문제를 효과적으로 대처해 나가려면 당사자들인 학생 그리고 선생님, 학부모의 유기적인 협력이 있어야 하고 경찰을 비롯한 사법기관과 지역사회의 지원이 있어야 한다. 현재의 여러 대책들도 그런 모양새를 취하고 있기는 하지만 실질적인 성과가 거의 없는 형편이다.

우리 20대들도 각급학교를 거치면서 체험을 통해 잘 알고 있지만, 학교는 심각한 폭력행위와 왕따가 만연해도 되도록 외부에 소문나지 않도록 어떡해서든지 덮으려 한다. 선생님은 이미 권위와 영향력이 크게 떨어졌다. 학원위주의 사교육에 의해 공교육이 거의 붕괴된 상황에서 의욕과 사명감을 잃고 샐러리맨으로 전락한 상태다.

따라서 자기 반에서 문제가 일어나면 가능한 책임을 회피하려 하고, 가해학생과 피해학생 부모들이 합의하도록 해결을 미루고 떠넘기려 한다. 가해자 부모는 되레 큰소리치며 자기자식의 입장만을 떠들어댄다. 피해학생이 맞을 만하니까 맞았다는 식이다. 사법기관의 학내문제 개입에도 한계가 있다. 그저 형식적인 감시와 예방활동이나 할 뿐이다. 지역사회는 캠페인만 요란할 뿐 실질적인 영향력이 거의 없다. 이와 같이 서로 어긋난 입장과 불협화음 때문에 툭하면 대책회의를 열어 탁상공론만 늘어놓을 뿐 가시적인 성과를 거두지 못하고 있다.

※※※

얼마 전, 학교에서 폭력에 시달리던 학생이 투신자살하려고 아파트의 위층을 향하면서 엘리베이터에서 우는 모습이 동영상으로 공개돼 많은 국민들이 무척 마음 아파했다. 어떤 방법을 써서라도 학교폭력과 지나친 왕따 행위가 사라지도록 해야 한다. 최근 법원에서도 폭력 가해 학생에게 엄벌주의를 채택하고 있다.

그런데 학교폭력에 관해 학생들의 얘기를 들어보면, 간혹 피해학생들에게도 문제가 있다는 얘기가 나온다. 피해학생들이 모두 그런 것은 절대 아니지만, 간혹 지나치게 내성적이며 스스로 친구들과 잘 어울리지 못하거나 활동력이 뒤떨어지고 특별한 이유 없이 비실대는 학생이 폭력과 금품갈취, 왕따의 대상이 되는 경우도 있다는 것이다. 또는 다른 학생을 무시하고 자기만 잘난 척 하거나 부모의 재력을 과시하는 학생도 대상이 되기 쉽다는 얘기다.

군대에서도 그렇다. 흔히 '고문관'으로 불리는 병사가 있다. 대체적으로 동작이 굼뜨고 상황판단이 느리고 동떨어진 생각과 행동을 하는 병사다. 일사불란해야 할 군대행동에서 그 병사 때문에 그가 소속된 소대가 자주 단체기합을 받다보면 함께 생활하는 내무반에서 한 때는 고참, 선임들로부터 구타당하거나 소대원들에게서 왕따 당했다.

줄여 말하면, 폭행당하고 왕따 당하는 학생, 별종 취급 받는 병사, 그들 가운데는 단체생활, 조직생활에 제대로 적응하지 못하거나 성격과 습관 등에서 문제점을 나타내는 경우가 있다는 것이다.

생물학에서 말하는 '진화進化'도 적자생존適者生存, 즉 환경에 적응하는 자는 살아남고 적응하지 못하는 자는 도태된다는 것이 핵심이다. 사회생활은 자기 혼자만의 생활이 아니라 집단, 조직 등 공동체의 삶이다. 많은 사람들이 서로 어울려 살아가야 한다. 어느 개인의 성공도 혼자만의 노력으로는 어렵다. 절대적으로 남의 도움과 지원이 있어야 한다. 그러자면 자기 스스로 공동체에 적응하려고 노력해야 한다. 적응하지 못하면 성공하기 어렵다.

***

자신의 습관은 적응에 중요한 연결고리 역할을 한다. 그러한 적응에 장애가 되는 습관에는 '부적응적인 습관'과 '적응을 그르치는 습관'이 있다. 적응을 그르치는 습관에는 여러 가지가 있겠지만 대표적인 것이 '남을 무시하는 습관'이다.

남을 무시하는 습관이 있는 사람은 일반적으로 내성적인 성격이 많으며 자기중심적이어서 편견이 심하다. 자신과 생각이 다른 사람을 무시하거나 신분에 따라 사람을 차별하고, 자기한테 올바른 지적을 하는 사람을 미워한다. 항상 자기에게 옳은 소리하는 사람에게는 분노까지 갖고 "자식, 자기가 얼마나 잘났다고?" 하며 증오한다.

자기보다 능력이 뛰어난 사람, 직장상사 등을 은근히 무시한다. 그러면서 자기보다 능력이 떨어지는 사람, 신분이 낮은 사람은 노골적으로 무시한다. 나이가 들수록 상점이나 식당 등의 여종업원에게 "이거 얼마야?" "어이, 이리와 봐" 등등 당연한 듯이 반말을 한다. 흔히 '옹졸하다' '속이 좁다'라는 평을 듣는다.

이런 사람은 마침내 외톨이가 될 뿐 아니라 성공을 기대하기 어렵다. 성공이 무엇인가? 혼자서 남몰래 로또복권을 계속 구입하다가 운 좋게 당첨돼서 일확천금을 손에 넣었다고 성공인가? 그것은 성공이 아니고 횡재했을 뿐이다. 횡재는 결코 오래가지 못한다. 쉽게 들어온 돈은 쉽게 나가기 마련이다. 나팔꽃처럼 쉽게 피는 꽃은 빨리 진다. 도박 잘하는 타짜가 성공한 사람인가? 타짜가 큰돈을 따서 행복하게 사는 경우는 거의 없다. 타짜의 생활은 대개가 비참하다.

고난과 실패와 시행착오를 거치지 않은 진정한 성공은 없다. 그 고난, 실패, 시행착오를 극복하려면 자신의 의지와 용기뿐 아니라 다른 사람들의 절대적인 도움이 필요하다. 성공하려면 사람을 좋아해야 한다. 즉 인간관계가 원만해야 한다. 내가 남을 무시하고 미워하면 남들도 나를 무시하고 미워한다. 그러면 바람직한 인간관계가 형성되지 않는다.

자신의 나쁜 점이나 부족한 점, 잘못을 솔직하게 지적해 주는 사람을 고마워할 줄 알아야 한다. 그래야 발전한다.

『명심보감』明心寶鑑에 이런 구절이 있다.

"나의 좋은 점을 말해주는 사람은 곧 나를 해치는 사람이요, 나의 나쁜 점을 말해주는 사람은 곧 나의 스승이다."

성공하고자 한다면 남을 무시해서는 안 된다. 성공을 그르치는 가장 나쁜 습관이 남을 무시하는 습관이다. 나에게 그런 습관이 있다면 열 일 제쳐두고 그 습관부터 고쳐나가야 한다.

좋아하는 일에 매달려라

얼마 전, 어느 일간지의 칼럼을 읽었다. 객원 칼럼니스트가 쓴 글이었는데, 제목이 '안 될 놈은 노력해도 안 된다. 안 되는 걸 시키니까 안 될 놈이 되는 거다'였다. 내용 중에 "그림에 소질 있는 아이는 부모의 욕심으로 아무리 운동을 시켜봤자 '안될 놈'이고, 공부하고 싶은 아이를 피아니스트 만들려고 아무리 애를 써봤자 그 아이는 '안 될 놈이다"라는 얘기가 있었다. 충분히 공감이 간다. '안될 놈'이 따로 있는 것이 아니라 안 되는 걸 시키니까 안 되는 것이다.

사람은 저마다의 적성과 특성이 있다. 개인적인 적성, 특성, 개성, 재능, 소질 등은 상당부분 타고 나거나 이미 어렸을 때 형성된다. 따라서 부모는 아이에게 부모의 욕구를 강제할 것이 아니라 아이의 적성을 빨리 파악하는 것이 중요하다. 공부도 그렇다. 무조건 공부 잘하라고 아이를 윽박지르기보다 적성을 파악해서 적성에 맞는 쪽으로 기회를 만들어 주는 것이 효과가 크다.

피겨스케이팅의 김연아 선수가 부럽다고 해서 예술가가 되고 싶어 하는 딸아이에게 무조건 피겨를 시켜서도 안 되고, 박지성 선수처럼 되라고 과학자가 되겠다는 남자아이를 무조건 축구를 시켜서도 안 된다. 얼굴이 좀 예쁘다고 해서 덮어놓고 탤런트가 되라며 연기학원 보낸다고 성공하는 것은 아니다. 적성에 맞지 않으면 정말 능력이 뛰어난 아이가 '안 될 놈'이 되고 마는 것이다.

그러면 아이의 적성을 어떻게 파악할 수 있을까? 타고나는 적성과 특성은 저마다 다르다. 어린이의 타고난 적성을 부모가 제대로 파악하기가 쉽지 않다. 아이가 과학을 좋아하는지, 예체능에 재능과 소질이 있는지 어떻게 정확하게 알아낸단 말인가?

최선의 방법이라면 아이의 버릇이나 습관을 살피는 것이다. 습관은 적성, 특성과도 깊은 관련이 있기 때문이다. 아이가 적성을 드러내고 자리를 잡아가는 것은 버릇과 습관에 의해서다. 그만큼 습관이 중요하다.

※ ※ ※

우리 풍습에 아이가 태어나 첫돌잔치를 할 때 아이의 돌상에 장난감, 연필, 지폐, 실타래, 책 따위의 잡다한 물건들을 늘어놓고 아이가 무엇을 제일 먼저 손에 쥐는지 살펴보는 풍습이 있다. 가령, 연필이나 책을 먼저 집으면 학자가 될 아이다, 돈을 먼저 집으면 부자가 될 아이다, 이렇게 아이의 장래를 짐작해 보는 풍습이다. 물론 근거는 전혀 없다. 아이가 장난감 총을 먼저 집었다고 해서 직업군인이 된다는 보장은 없다. 오직 아이가 무엇에 제일 먼저 호기심을 보이는가를 살펴보며 즐기는 풍습일 뿐이다.

사실 아이가 초등학교에 다닐 때까지 아이 자신도 자기가 무엇이 적성이고 무엇에 재능과 소질이 있고 잘 모른다. 부모도 잘 모른다. 딸아이를 그냥 남들 따라 피아노학원에 보냈더니 또래의 다른 아이들보다 진도가 무척 빠르고 피아노 선생님도 아이가 피아노에 소질이 있다니까 '그런가 보다' 할 뿐이다.

중학생 정도가 되면 자기가 무엇을 좋아하는지, 무엇이 적성에 맞는지 짐작한다. 몸집이나 키도 크고 축구, 야구, 농구 등 운동을 좋아하면 운동부에 들어가 선수가 될 꿈을 키우기도 한다. 부모들도 그때쯤에는 대충 알아차린다. 고등학생이 되면 아이들은 나름대로 자기 적성을 파악하고 장래의 진로나 목표를 생각하게 된다.

하지만 자기가 좋아하고 자기 적성에 맞는다고 해서 모두 그 분야로 진출하는 것은 아니다. 환경과 여건 등 여러 가지 제약이 따른다. 악기에 소질이 있지만 가정형편으로 악기구입이나 레슨받기가 어려워 포기하는 경우도 있고, 운동이 적성이 맞지만 자기 학교에 좋아하는 종목의 운동부가 없어서 못할 수도 있다.

자기는 키가 크고 몸집이 커서 농구나 배구를 하고 싶었는데 자기 학교에는 없을 뿐 아니라, 축구부 코치 선생님의 강요로 축구를 했다가 끝내 큰 선수가 되지 못할 수도 있다. 또 자신의 적성과 관계없이 부모의 강요로 오직 공부에 몰두해야 하고, 부모의 희망에 따라 의과대학 등 인기학과, 취업이 잘 되는 학과로 진학하는 경우도 허다하다. 그리하여 많은 젊은이들이 평범한 샐러리맨으로 별다른 꿈도 목표도 없이 그저 무난하게 살아간다.

※ ※ ※

그러나 나름대로 자기 적성에 맞는 일, 자기가 하고 싶은 일을 하려는 젊은이라면 뒤늦게라도 자신의 적성을 찾는 것이 효과적이다. 그 방법 가운데 하나가 자신의 습관을 활용하는 것이다.

이를테면 아침형인 사람은 새벽에 유통이 시작되는 농축산물, 수산물과 관련된 일이 효과적이고, 밤늦게 자고 아침에 늦게 일어나는 올빼미형인 사람은 술집, 카페처럼 밤늦게까지 영업하는 업종이 효과적이다. 또 남보다 말이 많고 수다스런 습관이 있는 사람은 영업직이나 마케팅 분야, 말을 많이 하지 않고 입이 무거운 사람은 정보 분야, 남을 잘 꿰뚫어보고 예리한 사람은 광고 분야가 잘 맞을 수 있다.

남 앞에 나서기를 좋아하지 않고 신중하고 내성적인 성격이라면 연구분야가 적성에 맞을 수 있다. 일에 대한 흥미나 열성도 자신의 성격과 습관에 맞아야 능력을 발휘하고 성과를 올릴 수 있다.

자신의 직업이나 하는 일에 따라 성격도 변하고 습관도 변한다. 그 일의 특성에 적응해 가는 것이다. 가령, 의사는 의사 같고, 교수나 학자는 학자타입이고, 직업군인은 군인답다. 그래서 우리는 그 사람의 외모나 행동을 보고 그 사람이 무슨 일을 하는지 짐작할 수 있고 대체적으로 비슷하게 맞춘다. 본래의 자기 성격과 습관이 하는 일의 특성과 잘 맞으면 더 바랄 것이 없다.

꿈을 장대하게 가지면 된다

2002년 우리나라에서 열렸던 월드컵 때, 축구팬들의 모임인 서포터 '붉은 악마'는 '꿈은 이루어진다'는 슬로건을 내걸었다. 그리고 우리나라 대표 팀은 당당히 월드컵 4강에 올랐다. 서양과 비교해서 체력적으로나 기술적으로 도저히 불가능해 보였던 실현하기 어려운 꿈을 이룩한 것이다. 8강에 오르는 것이 우리 국민들의 염원이었는데 그야말로 '꿈은 이루어진다'가 현실이 되었다.

우리는 어린 학생시절부터 부모나 선생님에게 '위인전' '영웅전'을 읽으라는 말씀을 귀 아프게 들었고 거의 모든 어린이들이 열심히 읽었다. 그 덕분인지 우리는 국내외 많은 위인, 영웅들의 생애와 뜻 깊은 일화, 그들이 남긴 명언들을 많이 기억하고 있다. 위인전, 영웅전은 왜 읽어야 할까?

그들이 살았던 시대와 다르고, 환경이 다르고, 생활방식도 다르고, 목표도 전혀 다를 수 있는데 왜 누구나 위인전, 영웅전을 읽도록 했을까? 그들에게서 무엇을 배우고 어떻게 닮으라는 말인가?

대답은 간단하다. 그들의 나라와 민족을 생각하는 애국심, 위기와 고난을 극복하는 뛰어난 능력, 민족이나 국민을 올바른 길로 이끄는 탁월한 리더십, 인류를 사랑하는 마음 등등을 배우라는 것이다.

물론 우리의 현실은 그들이 살던 시대와 환경과는 크게 다르다. 그렇지만 영원히 변하지 않는 것이 있다. 인간의 사고방식, 습관 등은 시대의 변화와 상관이 없는 것이다. 위인, 영웅들의 올바른 사고방식과 좋은 습관, 남달리 뛰어난 바람직한 습관 등을 익혀 그들처럼 성공하라는 것이다. 그래서 그들이 남긴 여러 가지 일화나 명언들을 알려고 하고, 오래도록 기억해서 자신의 사고방식이 되고 생활습관이 되도록 노력하는 것이다.

위인전, 영웅전뿐이 아니다. 우리 전래동화, 명작동화들도 마찬가지다. 동화의 주제는 거의 습관에 관한 것들이다. 예를 들면, 부지런한 습관, 정직한 습관, 남을 배려하는 습관 등을 가진 사람은 행복하다는 것. 반대로 욕심쟁이, 거짓말쟁이 등은 마침내 큰 낭패를 보고 곤욕을 치르게 된다는 얘기들이 대부분이다. 모두 좋은 습관을 가져야 한다는 교훈을 주려는 것이다. 또한 좋은 습관은 스스로의 노력으로 얼마든지 만들 수 있다는 교훈이다.

✲ ✲ ✲

　위인이나 영웅은 온갖 고난을 극복하고 자신의 꿈과 목표를 이룩하고 성공한 사람들이다. 그래서 후대까지 이름을 길이 남겨서 그들의 삶과 습관이 좋은 사표가 되고 있는 사람들이다. 따라서 뚜렷한 꿈을 가지고 성공하려는 사람들에게 많은 경험을 일러주고 성공의 참고서가 되기에 충분하다. 적어도 그들이 지니던 올바르고 바람직한 습관만큼은 반드시 익히고 닮을 필요가 있다.

　습관의 힘은 우리가 생각하는 것보다 훨씬 크고 강하다. 내 친구 한 명은 지독한 애연가였는데 밖에서 담배를 필 때는 항상 구두나 운동화 밑바닥에 비벼 끄는 습관이 있었다. 그런데 어느 날 집에서 맨발로 TV를 보며 담배를 피다가 자기도 모르게 발바닥에 비벼 끄려다가 크게 데어 한동안 무척 고생한 적이 있었다. 습관은 자신의 뇌가 기억하고 몸이 기억하기 때문에 무의식적으로 그런 행동이 나오는 것이다.

　성공에 이르는 습관이라고 해서 독특하고 유별난 습관이 아니다. 의외로 우리가 잘 알고 있는 상식적이고 보편적인 습관들이다. 예컨대 긍정적이고 적극적인 사고방식, 위기와 고난에 과감히 맞서는 용기, 부지런함, 정직, 성실 등과 같은 것들로 누구나 잘 알고 있고 자신도 지니고 있는 습관들이다. 그런데 나는 왜 위인이 되지 못하는가?

　습관은 알고 있다고 해서 그렇게 움직여지는 것이 아니다. 뇌가 기억하고 몸이 기억할 정도로 좋은 습관들이 체질화되어 있어도, 그것이 저절로 실천에 옮겨질 수 있어야 진정한 좋은 습관이다. 이를테면 '부지런하게 살자'고 생각하면서도 며칠밖에는 실천을 못한다거나 담배를 끊겠다고 생각하면서도 못 끊는다면 아무런 가치가 없는 것이다. 위인들은 좋은 습관을 의도적으로 실천하려 한 것이 아니라 그런 습관들을 몸에 배게 무의식적으로 철저하게 그런 행동을 해 온 사람들이다.

'사람은 정직해야 한다'는 데 누구나 공감한다. 아무도 정직하면 안 된다거나 반대할 사람은 없다. 하지만 우리 사회에서 정직을 생활화하고 실천하는 사람은 그다지 많은 것 같지 않다. 자신의 사소한 이익을 위해 정직 따위는 헌신짝처럼 내던진다. 자신에게 이익이 된다면 부정직한 행위, 불의와도 서슴없이 타협한다. 그러다 보면 당장 사소한 이익은 얻을 수 있을지 모르지만 성공하지 못한다. 또는 한 순간 성공한 듯하지만 쉽게 무너진다.

***

나는 개신교 신자는 아니지만 언젠가 친구를 따라 개신교 부흥회에 간 적이 있었다. 부흥회를 주재하는 목사의 설교내용이 '이 세상에서 가장 먼 여행'이었다. 달나라에 가고 우주를 여행한 우주비행사가 인간으로 가장 먼 여행을 했다고 생각할 수 있지만, 진짜 가장 먼 여행은 자신의 머리에서 가슴에 이르는 30cm의 여행이라고 했다.

설교의 주제는 누구나 신앙을 가져야겠다고 생각하면서도 그것이 자신의 진정한 마음이 돼서 실천하기란 쉽지 않으니 서둘러 진정한 신앙심을 갖도록 하자는 것이었다. 나는 크게 공감했다. 신앙을 갖고 신앙심을 하루빨리 굳혀야겠다는 것이 아니라 '실천'의 어려움에 공감했다. 그렇다. 마음먹기는 쉽지만 실천은 어렵다. 이 세상에서 가장 먼 여행이 될 수 있다.

성공에 이르는 가장 쉬운 지름길은 좋은 습관의 체질화와 실천이다. 어떤 확고한 꿈과 목표를 가지고 성공하고자 한다면 더욱 그렇다. 그러면 꿈은 이루어진다. 그러면 나도 위인이나 영웅과 다름없는 것이다. 피겨의 김연아 선수는 피나는 훈련과 끈질긴 노력으로 세계 여자 피겨의 정상에 올랐다. 그러자 피겨를 배우려는 수많은 어린이들, '김연아 키즈'가 생겨났다. 김연아 선수는 피겨의 위인이다.

"누군가 꿈을 이루면 그는 다른 사람의 꿈이 된다"는 명언이 있다. 정말 그렇다. 다른 사람의 꿈이 되면 그가 바로 위인이며 영웅이다.

Part **2**

생활습관 프로젝트

☙☙

자유를 만끽할 수 있는 20대로서 건전성을 전제로
즐길 수 있는 것은 마음껏 즐기되 항상 현실을 잊지 말아야 한다.
현실이란 현재 내가 하고 있는 일,
앞으로 내가 하려고 하는 인생의 목표추구와 같은 것들이다.
먹는 것과 비교하자면 현실은 밥과 같은 주식이며
즐기는 것은 밑반찬 같은 부식일 뿐이다.
밑반찬만 먹어서는 허기를 채울 수도 없거니와
활동할 수 있는 충분한 에너지를 얻을 수 없다.

스마트폰, 인터넷의 구속에서 벗어나기

요즘 스마트폰과 인터넷은 생활필수품이나 다름없다. 특히 20대는 중독증이라고 할 만큼 이 두 가지가 없으면 제대로 생활할 수 없을 정도다. 가령 깜빡 잊고 스마트폰을 집에 두고 나왔다면 몹시 불안해하며 아무것도 손에 잡히지 않아 어쩔 줄 모를 것이다. 마치 담배를 많이 피우는 사람이 담배가 떨어졌을 때 안절부절못하는 것과 다름없으니 니코틴중독이 아니라 스마트폰 중독이다.

***

10여 년 전만 해도 버스나 지하철에서 책을 읽는 젊은이들이 많이 눈에 띄었지만 요즘은 거의 모두 스마트폰을 들여다 본다. 집에 돌아오면 인터넷에 매달린다. 하루생활의 거의 대부분을 스마트폰과 인터넷에 소비한다고 해도 과언이 아니다. 이쯤 되면 스마트폰과 인터넷에 구속된 노예라고 해도 틀린 말이 아니다.

젊은이들이 두 가지 필수품에 탐닉하는 데는 몇 가지 이유가 있을 것이다. 그 첫째는 '소통'이다. 기본적인 통화와 문자, 메일, 홈피 등으로부터 페이스북, 트위터, 인터넷 누리 등 SNS를 통한 사회와의 소통, 세상과의 소통이다. 점점 인간관계가 줄어들고 거의 외톨이 가까운 생활을 하면서도 세상과 소통하고 많은 사람과 소통하면서 자기생각도 서슴없이 개진할 수 있으니 인터넷, 스마트폰에 빠져들지 않을 수 없는 것이다. 그와 함께 자기가 원하고 좋아하는 많은 정보와 지식을 얻을 수 있는 것이 인터넷, 스마트폰이다.

***

치열한 경쟁시대에 사는 현대인들은 외롭다. 젊은이들은 더 외롭다. 경제침체와 불확실성 시대에 살면서 어쩔 수 없이 자기중심으로 살아간다. 일자리를 얻지 못한 많은 젊은이들은 마땅히 나갈 곳도 없고 크게 위축돼서 친구들과의 만남조차 피하게 된다. 인터넷, 스마트폰이 없다면 그들은 아마 질식할 것이다.

문제는 인터넷이나 SNS 등을 통한 소통이 생산적이나 자기발전을 위해 이루어지지 않는 경우가 대부분이라는데 있다. 비뚤어진 심리에서 오는 악성댓글, 목적이 애매모호한 익명의 채팅, 이상야릇한 카페활동, 야동, 원조교제, 조건만남, 애인대행 따위 등 비생산적이고 비정상적인 소통(?)에 더 관심이 크다는 것이 문제다.

　많은 젊은이들이 세상을 보는 시각도 삐딱해서 무조건적인 체제비판, 못마땅하게 생각하는 특정인에 대한 비난, 헛소문이 급속도로 퍼지는 쾌감을 위해 충격적인 유언비어 날조, '아무개 숨 쉰 채 발견' 따위의 부질없는 장난 등에 열을 올린다. 그 결과는 허망할 뿐이다. 나의 발전에 도움이 되는 것, 내가 얻을 수 있는 것은 아무것도 없다. 소통이 아니라 소중한 시간을 부질없이 낭비할 뿐이다.

　정보와 지식의 습득도 그렇다. 물론 인터넷, 스마트폰을 통해 궁금한 것, 알고 싶은 것을 물어 필요한 지식과 정보를 얻어내기도 하지만, 그렇지 않은 경우가 훨씬 더 많다.

　가령 '모차르트'를 검색하면 모차르트 상표의 각종 상점, 패션, 미용실, 카페, 레스토랑 등이 먼저 쏟아져 나온다. '대원군'을 검색하면 드라마, 영화, 배역을 맡았던 연기자들로 뒤덮여 정작 필요한 역사의 인물에 대한 자료는 뒷전으로 밀려 있다. 또는 흥선대원군, 이하응 등 이리저리 돌아다녀야 한다. 나타나는 지식이나 정보도 출처나 신뢰가 불투명한 수박 겉핥기가 많다.

　또 그것만 탓할 일도 아니다. 검색하는 젊은이 스스로 쓸데없는 연예인 신상정보, 신상털기, 온갖 스캔들, 새로 나온 영화의 과대광고, 기획사가 올린 듯한 소속 연예인 노출에 대한 어처구니없는 과장 따위나 찾는다. 정말이지 시간이 아깝다는 말밖에는 할 말이 없다.

　인터넷, 스마트폰의 구속에서 벗어나야 한다. 꼭 필요할 경우를 제외하고 쓸 데 없는 짓거리로 시간을 낭비하면 안 된다. 그럴 시간이 있으면 책을 읽는 습관을 갖는 것이 훨씬 낫다. 깊이 있는 지식, 성공적으로 인생을 이끄는 방법을 알아내고 바람직한 마음가짐과 올바른 정서를 키우기에 독서보다 더 최선의 방법은 없다고 해도 과언이 아니다. 대학 입시에 논술이 큰 비중을 차지하는 것도 그 까닭이다.

✳︎✳︎✳︎

근대 중국의 아버지로 불리는 사상혁명가 쑨원孫文은 젊었을 때 "내가 가장 좋아하는 것은 혁명과 여자와 책이다"라고 했다. 젊은이들이 충분히 공감할 만하다. 혁명은 꼭 쿠데타나 정치혁명이 아니라 젊은이답게 혁신적이고 진보적인 삶, 세상에 큰 변화를 가져올 만한 원대한 꿈이다. 젊어서 이성에 대한 관심은 본능이다. 그렇다고 이성과의 섹스를 말하는 것이 아니다. 평생을 함께 할 만한 참다운 이성을 만난다면 자신의 꿈과 목표를 이루어가는 데 더없이 큰 힘이 될 것이다. 책은 독서를 말하는 것이다. 빌 게이츠도 평생 독서를 생활화했으며 기회가 있을 때마다 독서의 중요성을 강조했다.

인터넷이나 스마트폰에 너무 집착하는 것은 습관에서 오는 것이며 독서도 습관이다. 당장의 쾌감이나 즐거움을 얻기보다 자신의 인생을 좀 더 멀리 그리고 길게 내다보라. 누구에게나 하루 24시간, 시간은 똑같다. 그 똑같은 시간을 어떻게 쓰는가, 시간을 관리하는 습관이 자신의 인생과 성공을 좌우한다.

외모에 집착하지 말자

언제부턴가 우리나라는 외모지상주의에 사로 잡혀 있다. 외모에 신경을 많이 쓰는 젊은 여성들뿐 아니라, 젊은 남자들도 외모 가꾸기에 많은 시간을 허비한다. 여성들은 화장을 제대로 하는데 보통 한 시간쯤 걸린다. 그러다 보니 출근하는 20대의 직장여성들은 시간에 쫓겨 시내버스, 지하철 안에서도 화장한다. 승차해서 목적지에 내릴 때까지 수많은 승객들 앞에서 화장하는 여성들도 적지 않다. 외국인들은 한국에서나 볼 수 있는 독특한 풍경이라고 말한다. 결코 자랑할 만한 일은 아니다.

젊은 남성들도 외출을 하려면 화장하고 꾸미는데 한 시간쯤 걸린다. 화장이나 패션에 무척 신경을 쓰고 헬스클럽을 다니며 몸매관리에 열성적이다. 이러한 외모관리, 멋 부리기는 군대의 젊은 병사들까지 예외가 아니다. 들판, 흙구덩이에서 뒹굴며 적에게 노출당하지 않으려고 얼

Part 2 생활습관 프로젝트 · 97

굴에 검정칠까지 하고 적을 향해 돌진하는 훈련을 거듭하는 병사들이 화장과 외모에 신경을 쓴다는 것은 넌센스다.

※ ※ ※

일찍이 고대 그리스의 여류시인 사포가 '미는 선善이다'라고 했지만, 오늘날에도 뛰어난 외모는 틀림없이 선이다. 미모가 빼어난 여성은 남성들에게 큰 호감을 주고 갖가지 혜택을 받는다. 웬만한 허물은 용서받는다. 채용시험에서도 플러스 요인이 된다. 이왕이면 다홍치마라고 외모가 출중한 여성이 우선적으로 뽑힌다. 직장에서도 인기만점으로 대우를 받는다. 배우자의 선택조건에서도 절대적으로 유리하다.

젊은 여성들이 외모에 신경을 쓰는 것은 본능이다. 외모가 빼어나고 가슴이나 히프가 튼실한 젊은 여성이 건강하고 우량한 여성으로 남성의 유전자에 각인돼 있다. 그러한 젊은 여성이 가임성이 뛰어나 후손을 많이 남길 수 있는 것으로 남성들의 유전자에 프로그래밍되어 있어서 자신의 후손을 많이 퍼뜨리려는 본능을 가진 남성들은 큰 호감을 가지고 집중 공략하는 것이다. 말하자면 짝짓기 본능이다.

젊은 여성들도 본능적으로 자신을 돋보이게 하려고 끊임없이 가꾼다. 여성 몸매에 대한 호감도는 세계 어디서나 거의 똑같다. 허리와 히프의 비율이 0.7대 1인 여성을 어느 나라 어느 민족이나 절대적으로 선호한다.

하지만 환경과 시대에 따라 여성외모에 대한 선호도와 유행이 변하기도 한다. 경제적으로 빈곤한 민족이나 부족, 국가들에서는 몸매가 풍만한 여성을 선호한다. 좀 뚱뚱해야 오히려 사랑받는다. 여성의 영양상태가 미의 관점이 되는 것이다. 경제가 비교적 풍요로운 국가들에서는 날씬한 여성을 선호한다.

우리나라도 여기 해당된다. 경제수준이 높아진 80년대 이후, 날씬한 젊은 여성들이 각광을 받으며 차츰 다이어트 선풍이 불기 시작하더니 요즘은 젊은 여성뿐 아니라 중년여성들도 다이어트가 생활습관이 되고 있다. 비만은 이제 성인병이나 다름없다. 지나친 비만이 건강에 좋지 않은 것은 사실이다. 비만여성은 어디서나 환영받지 못한다. 애인을 구하기도 쉽지 않고 취업에도 분명히 지장이 있다.

※ ※ ※

비만이 아니라도 젊은 여성들은 외모에 무척 신경을 쓴다. 한번 자신의 외모에 관심을 쏟다보면 어딘가 자기 마음에 거슬리기는 부위가 있기 마련이다. 눈, 코, 입, 입술, 광대뼈, 턱, 가슴, 굵은 팔뚝, 뱃살, 처진 히프, 허벅지, 종아리…. 한 군데라도 거슬리지 않을 수가 없다. 그래서 우선 가장 거슬리는 한 부위의 성형을 결심하게 된다.

어느 한 곳을 성형하게 되면 그동안 익숙했던 자기 얼굴에서 그 부위가 돋보이는 것은 좋지만 다른 부위들과 조화를 이루지 못하는 강한 느낌을 받게 된다. 쌍꺼풀 수술 등으로 눈을 크게 했으면 납작한 코가 거슬리는 것이다. 그래서 또 성형을 하게 되고, 그것이 이 부위 저 부위로 성형이 이어지다 보면 마침내 성형중독이 된다.

우리나라에서 불황을 모르고 가장 성업 중인 병원이 성형외과다. 여학생들은 방학 때 성형하고, 대학에 들어가면 '입시성형'을 하고, 직장여성들은 휴가 때 '바캉스 성형'을 하고…. 성형이 대유행이다. 우리나라는 세계적으로 소문난 성형천국이다.

요즘은 젊은 남성, 중년남성들까지 성형한다. 이제 성형은 감출 일이 아니다. 불과 몇 년 전만해도 연예인들은 성형한 적이 없다고 우기더니 이제는 성형한 사실을 숨기지 않고 당당하게 말한다. 어느새 성형이 당연한 세상이 돼버린 것이다.

성형 자체를 나쁘다, 좋다. 판가름할 일은 아니다. 콤플렉스가 됐던 부위를 성형함으로써 자신감을 얻게 되고 스스로 자기 외모에 만족감을 갖게 되면 삶에 활력이 생긴다. 또한 앞서 말한 대로 분명히 여러 가지 플러스 요인들이 있다. 문제는 성형은 중독성이 강해서 한번 성형을 시작하면 자신의 외모에 더욱 집착하고 그것이 잇따라 성형으로 이어지는 습관성이 된다는 데 있다.

외국에서도 성형을 50번, 100번 했다는 여성들이 있어 화제가 되고 기네스북에 오를 정도다. 이쯤 되면 완전히 성형중독이며 그녀의 생활은 성형에 사로잡혀 살고 있는 셈이다. 두 말 할 것 없이 성형도 습관이다. 우리나라에서도 자기 신체의 여러 부위를 성형했다는 여성들을 어렵지 않게 찾을 수 있다.

지나치게 외모에 집착하고 성형이 습관이 되면 다른 일은 제대로 할 수 없다. 자칫하면 성형이 삶의 목적이 된다. 성형한 인조미인人造美人에 대해 거부감을 보이는 남성들도 의외로 많다. 성형에는 대개 이상적인 비율이 있다. 그 비율에 맞춰 성형을 하면 거의 얼굴이 비슷한 붕어빵이 될 수밖에 없다. 요즘 아이돌 스타라는 젊은 여성가수들이나 연기자들을 보면 거의 외모가 비슷하다. 나이가 든 어른들은 TV를 보면서 누가 누군지 도저히 구별할 수가 없다고 말한다. 모두 붕어빵이기 때문이다.

영양상태가 좋은 탓인지 서양처럼 입식생활을 하기 때문인지 요즘의 20대 연예인들을 보면 남자들은 모두 키가 180cm가 넘는 것 같고 몸매가 날씬하다. 여자들도 한결같이 키가 훤칠하고 날씬하고 다리가 길다. 정말 보기 좋다. 그러나 하나같이 똑같다보니 개성을 찾기 어렵다. 마치 군대가 사열하는 것처럼 정형화, 규격화, 표준화 돼버린 것이다.

세계적인 디자이너들은 최고의 미, 최고의 아름다움은 '개성'이라고 입을 모아 말한다. 지나치게 외모에 집착하고 외모에 사로잡혀 외모를 가꾸는 생활이 습관화되는 것보다 자신만의 독특한 개성을 돋보이게 하는 것이 훨씬 효과적이다. 젊은 남녀 누구에게나 자신만의 개성이 있으며, 개성이 그 사람의 이미지를 만드는 결정적인 매력이 될 수 있다. 성형으로 정형화, 표준화 돼버린 남녀 젊은이들이 크게 늘어나다보면 머지않아 오히려 개성이 뚜렷한 사람이 돋보이는 시대가 올 것이 틀림없다.

외모에 집착하면서 성형에 매달리기보다 자신이 지니고 있는 남다르고 바람직한 성격이나 습관을 매력으로 돋보이게 하는 지혜가 필요하다. 이를테면 몸매가 풍만하면 우아하고 여유로워 보이며 통이 크고 이해심이 많아 보인다. 왠지 누구든 잘 감싸주고 보호해주고 지원해 주고 모성애가 풍부할 것 같다. 점점 나약해지는 요즘남자들에게 결정적인 매력으로 보일 수 있다.

 거리를 걷다보면 머리를 남자처럼 아주 짧게 깎거나 비구니 스님처럼 빡빡 깎은 여성들도 보인다. 당연히 남자들에게 돋보인다. 남과 다르기 때문이다. 서양에서 어느 여성이 처음으로 바지를 입었을 때 흉하다고 비난을 들었겠지만 많은 남성들에게 무척 매력적으로 보였을 것이다. 요즘 바지를 애용하지 않는 여성이 어디 있는가? 그처럼 남과 다르고 자기만의 특징적인 것이 매력이며 그것이 곧 개성이다. 자기만의 개성을 살려나가는 습관은 외모에 대한 집착보다 훨씬 효과적이다. 외모에 집착할 것이 아니라 자기만의 개성을 살리는 노력이 지혜로운 행동이다.

일확천금은 그냥 주어지지 않는다

빌 게이츠는 19세에 '마이크로 소프트'를 창업했고, 스티브 잡스는 20세에 '애플'을 창업했다. 그리고 20대에 모두 세계적인 갑부가 되었다. 최근 28세의 마크 주커버그는 '페이스북'을 상장해서 약 200억 달러, 우리 돈으로 약 23조의 재산을 지닌 거부가 되었다.

20대로서는 부럽지 않을 수 없다. 그들은 재벌 2세도 아니고 돈과 배경이 있는 인물들이 아니었다. 우리와 크게 다를 바 없는 평범한 20대들이었다. 그렇다면 나도 그들처럼 갑부가 될 수 없는 것일까?

※ ※ ※

오늘날 전 세계가 경제침체에 허덕이고 미래가 불확실하다 보니 청소년들의 꿈도 작아지고 현실적으로 된다. 장래희망도 생활이 안정된 공무원이나 교사가 우위를 차지하고 있다. 그렇더라도 자신의 인생에 있어서 가장 큰 꿈을 가질 때가 20대라는 것은 틀림없다. 어린이, 청소년들이야 아무리 꿈이 커도 막연할 경우가 많지만, 20대부터는 비교적 구체적인 꿈을 갖는다. 그 가운데 큰 부자가 되고 싶다는 젊은이들이 많다.

결코 잘못됐다고 말할 수는 없다. 아무리 '돈이 인생의 전부는 아니다'라고 하지만 자본주의 사회에서 돈의 가치는 거의 절대적이다. '돈만 있으면 귀신도 부릴 수 있다'는 속담처럼 돈만 있으면 안 되는 것이 거의 없다. 돈 많은 것이 곧 행복이고 돈을 많이 벌면 성공한 사람이 되는 세상이다.

✱ ✱ ✱

문제는 젊은이들이 노력하지 않고 일확천금이나 횡재를 꿈꾸는 경우가 많다는 것이다. 젊을수록 패기와 열정이 넘쳐 남보다 먼저 성공하고 싶고, 큰돈을 버는 것이 꿈인 젊은이는 남보다 먼저 부자가 되고 싶어 한다. 그러나 돈에 너무 집착하면 오히려 돈을 벌기가 어렵다.

빌 게이츠나 스티브 잡스, 주커버그가 돈에 집착해서 20대에 거부가 된 것이 아니다. 그들은 큰돈을 벌려고 한 것이 아니라 자신의 뛰어난 창의력을 실현시키려고 한 것이다. 게이츠나 잡스는 20대였던, 아직 컴퓨터가 본격적으로 보급되기 전이던 70년대, 당시 컴퓨터라면 대형 냉장고보다도 더 크고, 국가기관이나 대기업에나 설치돼 있던 시대에 앞으로 가정마다 컴퓨터를 한 대씩 갖게 될 것이라는 PC시대를 예견했다.

그래서 크게 성공할 수 있었고, 주커버그는 남보다 먼저 인터넷을 통한 대중들끼리의 소통방법을 생각했기 때문에 페이스북을 개발할 수 있었다. 말하자면 그들의 뛰어난 창의력과 예지력에 큰돈이 저절로 따라 온 것이다.

그러한 능력 없이 무작정 일확천금, 횡재만을 생각하다 보면 여러 가지 부작용이 일어난다. 노력해도 안 되고 정상적으로 큰돈을 벌 수 없으니 자꾸 비정상적으로 일확천금을 거머쥐는 기회를 생각하는 것이다. 이를테면 도박이나 다단계 등에 빠져들고, 자칫 부정이나 비리, 범죄에 말려들어 자신의 일생을 망치는 것이다.

또한 요즘 주식투자를 하는 젊은이들이 많은데 도박만큼이나 위험천만하다. 어떤 젊은이가 100만 원으로 10억을 벌었느니, 100억을 벌었느니 하는 것은 광고선전일 뿐이다. 솔직히 요즘처럼 경제가 어려울 때 개인이 주식투자로 큰돈을 번다는 것은 로또복권 당첨되는 것만큼 어려운 일이다. 열이면 아홉이 주식투자에 실패한다.

✳✳✳

나에게 기막힌 아이디어나 뛰어난 창의력, 예지력 등이 부족하다면, 자기 나름대로 뚜렷한 목표를 갖고 정직하게 그리고 한걸음, 한걸음씩 앞으로 나가는 것이 최선의 방법이다. 예컨대 '달인達人'이 그러하다. TV의 달인 프로그램을 보라. 아주 하찮은 일 같지만 꾸준히 한 가지 일에 매진하며 기술과 실력을 늘려 마침내 '달인'의 경지에 오른 아주 평범한 사람들. 그들이 큰돈은 벌지 못할지 모르지만 적어도 크게 돈걱정 안 하고 살아갈 수는 있다.

옛날 어느 위인이 오직 한 구멍만 파는 사람을 주위에서 미련하다, 우둔하다, 바보 같다고 하지만 그는 마침내 구멍을 뚫는다고 했다. 1953년 세계최초로 에베레스트의 정상에 오른 뉴질랜드의 등반가 힐러리 경은 "어떻게 그 어려운 세계최고봉에 오를 수 있었느냐?"는 질문에 "한걸음, 한걸음씩 앞을 향해 나아가다 보니 정상에 오를 수 있었다"라고 했다.

현대그룹의 고 정주영 회장도 어느 고등학교의 강연에서 학생들의 "어떻게 우리나라 제일의 부자가 될 수 있었느냐"는 질문에 "매일매일 쉬지 않고 한 걸음씩 앞으로 나아가다보니 어느 틈에 부자가 됐다"고 대답했다.

※※※

'Step by Step'만큼 확실한 것은 없다. 다만 무작정 앞으로 나가거나 그냥 하루하루를 의미 없이 살아가는 것이 아니라 뚜렷한 인생의 목표가 있어야 하며 너무 초조해 하지 않고 그 길을 향해 한 걸음씩 나가야 한다. 그 이상의 확실한 방법은 없다. 요행을 바라는 것은 도박으로 큰돈을 따겠다는 무모한 심리와 다름없다.

목표가 없다는 것은 목적지 없이 자동차를 운전하는 것과 같은 위험한 일이다. 먼저 자기 인생의 뚜렷한 목표를 세워야 한다. 그 목표가 큰돈을 벌고 부자가 되는 것이라면, 가만히 앉아서 아무런 노력도 하지 않고 일확천금과 횡재를 꿈꿀 것이 아니라, 연구하고 또 연구해서 부자가 되기까지의 추진계획표, 로드맵을 만들어야 한다.

아이디어 개발, 관련자료와 정보수집, 시장조사, 관련분야 현장답사, 실제적인 체험, 창업을 위한 준비 등등 해야 할 일들이 한두 가지가 아니다. 거기에 많은 노력과 시간을 투자하지 않으면 안 된다.

※ ※ ※

가령, 쉬운 예로 음식점을 창업해서 돈을 벌겠다는 계획을 세웠다고 하자. 음식메뉴는 무엇으로 할 것인가에 따라 한식, 양식, 일식, 중식이 정해진다. 또 그에 따라 같은 종류의 음식점들과 어떻게 차별화할 것이며, 새로운 메뉴는 무엇을 선택할 것이며 손님들이 좋아 할 음식 맛은 어떻게 개발할 것인가. 점포는 어떤 위치에서 어떤 규모로 할 것인가. 인테리어는 어떻게 할 것인가. 기존의 음식점을 인수할 것인가. 완전히 새로 창업할 것인가. 창업자금은 얼마나 소요되며 어떻게 마련할 것인가…. 해야 할 일들이 한도 없고 끝도 없다.

그뿐이 아니다. 음식 맛을 개발하기 위해 자신이 직접 요리를 배우고 같은 업종의 주방에서 일하면서 맛좋고 품질 좋은 생선류, 육류 등의 선별 방법에서부터 맛있게 요리하는 방법을 배워야 한다. 음식점 차리고 주방장한테 맡기면 된다는 생각은 버려야 한다. 자신이 알아야 주방장도 다스릴 수 있다. 또한 종업원으로 일하면서 음식점이 어떻게 운영되고 손님접대는 어떻게 하는 것이 효과적인가를 하나하나 몸으로 익혀

나가야 한다. 창업은 그 뒤의 문제다.

　젊은 나이에는 꿈이 커서 음식점을 창업하더라도 남부럽지 않게 친구들에도 자랑스럽게 대형 레스토랑이나 가든을 차리고 싶어 한다. 창업은 부모의 돈이나 은행의 대출을 받아 마련하려 한다. 그리고 운영은 지배인, 주방장, 종업원들한테 맡겨놓고 사장입네 하면서 골프나 치러 다니려 한다. 그것이야말로 망하는 지름길이다.

　내가 직접 현장을 지키며 어디 소홀한 점은 없는지 항상 체크하고 손님들의 음식선호도와 반응을 살피고 수시로 발생하는 트러블에 대처해야 한다. 또한 내가 직접 발품을 팔아 각종 집기는 물론, 식재료들도 시장에 가서 구입해야 한다. 모두 많은 노력이 필요한 일들이다.

　식당의 규모도 그렇다. 체면을 생각해서 처음부터 큰 규모로 무리할 일이 아니다. 부모의 지원이나 은행대출 등 남의 돈으로 창업했다가는 실패하기 쉽다. 내가 갖고 있는 자금규모에 맞게, 그것도 경험이 없을수록 작은 규모로부터 시작해야 한다. 그래야 튼튼하고 한 단계씩 착실하게 발전해 갈 수 있다.

　젊은 신혼부부가 부모의 도움으로 집을 마련하고 온갖 가구들과 가전제품 등 부족한 게 아무것도 없이 출발하면 뜻밖에 결혼생활이 오래 가지 못하는 경우가 많다. 살림의 규모가 늘어나는 즐거움이 없기 때문에 의욕이 떨어지는 까닭이다. 오히려 아무것도 가진 것이 없이 출발해서 침대나 식탁, 전자레인지, 세탁기 등등을 하나씩 마련해 가는 부부가 훨씬 행복하다. '보람'이라는 것이 가정생활의 큰 기쁨을 가져다주기 때문이다. 그래서 삶의 의욕도 더욱 높아진다. 돈을 버는 것도 과정이 그와 크게 다르지 않다.

✼ ✼ ✼

그 다음 무엇보다 중요한 것은 습관이다. 부자가 되려면 부자가 되는 습관부터 길러나가야 한다. 젊어서는 수입보다 지출이 많다. 돈 쓸 일이 많은 것이다. 또 돈이 생기기가 무섭게 쓸 궁리부터 하는 게 젊은이들의 습성이다. 그런 습관으로는 결코 돈을 벌 수 없다.

돈을 벌려면 돈을 안 쓰는 습관부터 길러야 한다. 끊임없는 욕망들을 억제하고 검소하고 절제된 생활, 쾌락을 멀리하는 습관, 기분내키는 대로 살지 않고 계획적으로 생활하는 습관, 부지런한 습관, 절약하고 적은 돈이라도 저축하는 습관 등이 몸에 배어야 한다. 흥청망청 돈을 쓰면서 부자된 사람은 없다. 옛날부터 부자를 구두쇠, 자린고비라고 했던 것도 돈을 함부로 쓰지 않았기 때문이다. 그리하여 많은 돈을 모았을 때 바람직한 곳에 흔쾌히 큰돈을 내놓을 줄 알아야 진정한 부자다.

일확천금을 꿈꾸며 비리나 부정, 횡령, 불법 등과는 절대 타협해서 안 된다. 그렇게 해서 큰돈을 움켜잡았다고 해서 부자가 아니다. 범죄자일 뿐이다. 당당하고 떳떳하게 벌지 않은 돈은 오래가지 못한다. 범죄자의 말로는 항상 비참하기 마련이다. 큰돈을 벌려면, 부자가 되려면 부자가 되는 습관부터 길러라.

금전약속은 철저히 지켜라

　유대인은 무척 강인하고 독특한 민족이다. 오랜 역사를 지닌 전통종교를 그들 공동체의 정신적 바탕으로 삼고 엄격한 육아교육, 절제된 생활, 그들의 역사인 〈구약성서〉 내용에서 알 수 있듯이 끝없는 수난과 고난의 역사가 가져다 준 강한 결속력, 우수한 두뇌력 등을 지닌 뛰어난 민족이다. 그 때문인지 나치독일의 히틀러 시대에는 무려 6백만 명이 학살을 당하는 민족적 대참사를 겪었다.

　오늘날에도 불과 인구 수백만의 이스라엘이 주변의 막강한 아랍세계와의 역사적 갈등에서 조금도 굽힘없이 맞서고 있다. 특히 그들은 경제력이 뛰어나다. 더 정확히 말하면 상술商術이 뛰어나다. 자민족끼리는 마피아를 능가하는 결속력과 네트워크로 현재 미국의 금융권도 그들이 장악하고 있을 정도다. 그래서 미국의 역대정권은 막대한 석유자본을 지닌 아랍 국가들과 심각한 갈등을 겪으면서도 고립무원의 이스라엘과 우호적인 관계를 유지하면서 꾸준히 지원하지 않을 수 없었다.

상술로 말하자면 중국인들도 빼놓을 수 없다. 중국의 상인들은 자기 나라는 물론, 동남아의 거의 모든 나라 상권을 장악하고 있다. 화교상권이 그것이다. 중국인들 가운데서도 온주溫州의 상인들은 중국의 유대인으로 불릴 만큼 전통적으로 강한 결속력을 지닌 것으로 유명하다.

이들 온주 상인이나 유대인들의 특징은 철저한 신용이다. 더욱이 같은 온주 출신, 유대인이라면 서로 강력하게 지원한다. 그들 상인 가운데 누군가 사업적으로 어려움을 겪고 있다면 물불을 가리지 않고 담보니 뭐니, 이것저것 따지지 않고 완전히 일어설 때까지 전폭적으로 지원한다. 전통적인 신용 하나만 믿는 것이다. 도움을 받았거나 부채를 진 사람도 철저하게 신용을 지킨다. 대를 이어서라도 부채를 반드시 갚는 것이 전통이다.

＊＊＊

인간관계에서 가장 믿음을 주는 것이 두 말할 것도 없이 신용이다. 쉽게 말하면 약속을 잘 지키는 것이다. 신용 중에서도 금전거래의 신용이 우선이다. 약속을 자주 어기거나 금전거래가 분명하지 못하면 인간 자체가 평가절하된다.

우리의 부모세대에는 흔히 '돈을 꿔준다'고 하는, 돈을 빌리고 갚는 개인적인 금전거래가 많았다. 돈이 궁하면 이웃집에서 빌리고 일가친척에게 빌리고 친지나 동료에게 빌렸다. 빌리는 금액에 따라 이자가 있는 경우도 있고 그냥 빌려주는 경우도 있다. 물론 어느 경우라도 신용을 잘 지키면 언제든지 쉽게 돈을 빌릴 수 있지만 신용이 없는 사람은 돈을 빌리기가 무척 어려웠다.

요즘은 이러한 개인적인 금전거래가 어려운 시대다. 모두 금융권과 거래하며 목돈이 필요하면 은행에서 담보를 제공하고 대출받는다. 정상적으로 제도금융권 대출이 어려운 사람은 어쩔 수 없이 천문학적인 이자를 물어야 하는 사채를 이용했다가 큰 낭패를 보기도 한다. 대학생, 젊은이들이 사채를 이용했다가 큰 곤경을 겪는 경우를 자주 본다.

꼭 금융권이나 사채를 통해 돈을 빌리지 않아도 대부분이 신용카드를 지니고 있어서 외상이나 할부거래를 하고 적은 돈은 신용카드로 현금서비스를 받고 나중에 갚을 수 있다. 금융권과 지속적으로 거래를 하면 마이너스 통장으로 잔고 이상의 돈을 인출할 수도 있다. 물론 이러한 금융권 거래도 모두 신용을 기본으로 한다.

다시 말하면 개인적인 금전거래는 거의 사라졌다고 해도 과언이 아니다. 하지만 청소년이나 20대들 사이에 적은 액수의 개인적 금전거래가 없는 것은 아니다. 서로 어울려 밤늦게 까지 술 마시고 놀다가 버스나 지하철이 끊겨 친구에게 택시비 1, 2만 원을 빌리기도 하고 다급할 때 몇 만 원을 빌리기도 하고 친구와 쇼핑을 하다가 갖고 있는 돈이 모자라 친구에게 빌리기도 한다.

충분히 있을 수 있는 일이다. 누구나 주머니에 현금이 모자라거나 떨어질 때가 있다. 중요한 것은 제 때 갚아야 한다는 것이다. 내일 돌려주겠다고 약속했으면 내일, 다음 주에 갚겠다면 다음 주에, 특별한 날짜 약속을 안 했다면 상대가 말을 꺼내기 전에 갚아야 한다는 것이다. 그것이 신용이다.

✱✱✱

내가 20대에 겪은 경험 가운데 하나는 의외로 셈이 흐린 친구들이 많았다는 것이다. 적은 액수의 돈을 빌린 뒤 하찮게 생각하고 머릿속에서 잊어버리거나 대수롭지 않게 생각하는 친구들이 의외로 많았다. '화장실 갈 때와 나올 때 다르다'고, 적은 액수지만 빌릴 때는 절박해서 빌리고서 갚을 것을 잊어버린다면 말이 안 된다. 신용이 형편없는 친구는 행여 잊어버릴 수도 있겠지만 돈을 빌려 준 사람은 아무리 적은 액수라도 분명히 기억하고 있다는 사실을 알아야 한다.

금전약속을 안 지키는 친구들 가운데는 빌려 준 친구가 기다리다 못해 갚으라고 재촉하는 말을 꺼내면 오히려 벌컥 화를 내며 "야, 돈 몇만 원 가지고 쩨쩨하게 왜 그래? 안 떼어먹는다. 치사해서 안 떼어먹어!" 하는 사람도 있다. 그야말로 적반하장이다. 다급할 때 돈 빌려 준 친구를 쩨쩨하고 치사한 인간으로 몰아붙이니 두 번 다시 그 친구에게 돈을 빌릴 수 있겠는가?

주변에는 습관적, 상습적으로 이 사람, 저 사람에게 적은 돈을 빌리고 안 갚는 사람들도 있다. 또 각종 모임에서 정해진 적은 액수의 회비를 안 내거나 자꾸 뒤로 미루는 사람들도 있다. 돈 몇 만 원에 자신의 신용을 팔아먹는 아주 좋지 않은 습관이다.

또 신용이 없는 사람일수록 돈을 빌릴 때 갚을 대책을 생각하지 않는다. 어떡해서든지 돈을 빌리기 위해 대책 없이 약속한다. 이를테면 "내일 아침에 돌려줄게" "몇 시간만 빌려줘. 오후에 갚을게" 이런 식이다. 그런 사람일수록 약속을 지키는 경우가 드물다. 적은 돈을 빌리더라도 갚을 약속을 분명히 하고, 자신의 능력이나 형편을 감안해서 여유있게 약속날짜를 정하는 것이 좋다.

돈을 빌리는 것도 습관이다. 주위를 살펴보면 돈 빌리는 사람은 언제나 같은 사람이다. 빌리는 것도 습관이고 제 때 잘 갚지 않는 것도 습관이다. 말하자면 신용은 습관이 만드는 것이다. 다른 어떤 습관보다도 금전거래를 철저하게 하고 약속을 반드시 지키는 습관을 키워가는 것이 자신의 인생을 성공으로 이끄는 지름길이다.

아끼고 모으는 일에 열중해야 한다

저축. 어려서부터 귀가 아프도록 지겹게 들어온 말, 하나마나한 소리를 새삼 왜 꺼내나. 두 발로 걷기 시작하면 돼지 저금통을 사주고 세뱃돈을 비롯해서 어른들이 주는 돈은 십 원짜리 동전 하나 남기지 않고 모조리 저금통에 넣었는데 왜 케케묵은 얘기를 꺼낼까.

그럴 만한 이유가 있다. 반드시 짚고 넘어갈 필요가 있기 때문이니 이해하고 읽어 주기 바란다.

우리 사회캠페인에는 '생활화하자'라는 구호가 많다. '에너지 절약을 생활화하자' '쓰레기 줄이기를 생활화하자' '교통·질서 준수를 생활화하자' 등등 생활화를 다른 말로 바꾸면 습관화 하자는 것이다. 저축 역시 무엇보다 생활화, 습관화가 필요한 생활습관이어서 옛날부터 강조되어 왔다. 따라서 저축의 필요성을 모르는 사람이 없을 텐데 왜 또 얘기를 꺼내는 걸까? 더군다나 저축의 중요성을 몰라서가 아니라 돈이 없어서 못하는데 어쩌란 말인가?

그렇다. 20대 대학생은 지나치게 비싼 등록금에 허덕이며 대출을 받아야 하고, 아주 많은 젊은이들이 취업을 못해 얼굴을 못 들고 부모한테 용돈 받아쓴다. 직장이 있어봤자 고물가 시대에 매달 적자다. 저축할 돈이 있어야 저축할 게 아닌가?

※ ※ ※

모두 옳은 말이다. 저축할 돈이 없는 사람은 적은 용돈이라도 절약하고 아껴 써야겠지만 저축하라는 것은 직장생활을 하든 개인 사업을 하든 스스로 돈을 버는 젊은이들한테 하는 얘기다.

20대든 30대든 결혼을 하고 나면 생계비, 육아비, 자녀교육비 등에 허덕인다. 미혼의 20대는 돈을 써야 할 일이 너무 많다. 가장 활동을 많이 하는 시기여서 그렇다. 사고 싶은 것도 많고, 자신을 관리하는 일에 적지 않게 돈이 들어가고, 신형 스마트폰, 노트북, 태블릿, MP3, 디카…. 사야 할 신제품도 너무 많다. 왜 그렇게 신제품은 쉴 새 없이 쏟아지는지 따라가기가 너무 버겁다. 비록 중고차라도 자가용 승용차도 사고 싶다. 수입은 쥐꼬리만한 데 돈 쓸 곳은 줄지어 서있다. 매달 적자에 저축은 꿈도 못 꾸는 게 젊은이들의 현실이다.

그렇더라도 저축을 해야 한다. 가령 월수입이 200만 원이라면 150만 원으로 생활하고 50만 원, 대략 수입의 20~30%는 저축해야 한다. 생활

유지비, 사고 싶은 갖가지 욕구들을 억누르며 150만 원에 생활규모를 맞춰야 한다. 정말 월수입이 150만 원이었으면 어찌했을까? 거기에 맞춰 생활했을 것 아닌가?

저축의 첫째 요건이 돈 씀씀이를 줄이는 것이다. 씀씀이가 헤프고, 사고 싶은 것 다 사면 수입이 아무리 많아도 모자라기 마련이다. 씀씀이를 줄이지 않으면 절대로 저축할 돈이 없게 된다. 누군들 맛있는 외식하고 문화생활하며 유행에 뒤지지 않는 생활하고 갖고 싶은 것 다 구입하면서 기분 내고 폼 나게 살고 싶지 않은 사람이 어디 있겠는가? 많은 사람들이 욕망을 줄이고 절제하면서 힘들게 산다. 택시타면 편한 줄 알지만 만원버스, 지하철 타면서 사는 것이다. 그렇지 않으면 저축은 거의 불가능하다.

둘째 요건은 돈이 남으면 저축한다는 잘못된 생각이다. 돈 쓸 줄 모르는 사람은 없다. 돈은 절대로 남지 않는다. 큰 부자가 아니라면 돈은 항상 모자라기 마련이다. 결국 억지로라도 수입의 일부를 남겨야 저축이 가능하다.

셋째 요건은 이자가 나가는 부채가 있다면 그것부터 줄이도록 노력해야 한다. 모두 꼭 써야 할 일이 있는데 돈이 없거나 부족하니까 빚을 지게 되는 것이다. 대학생은 살인적인 등록금 낼 돈이 없거나 부족해서 학자금 대출을 받는다. 결혼을 하면 내 집이든 전세 등 집을 마련해야 한다.

집값은 워낙 액수가 크니까 대부분이 은행융자를 받는다. 그런 사람들이 큰 고통을 받는 것은 부동산 침체로 집값은 떨어지고 이자는 어김없이 내야 하기 때문이다. 그 액수가 억 단위가 넘으면 매달 100만 원 가까운 이자를 내야 한다. 대단한 부담이다. 거기다가 아기까지 있어서 육아비가 들어가면 가정경제는 파탄나기 쉽다. 그것을 모두 감당할 수 있는 고수입이 아니라면 말이다. 어떡해서든지 부채를 줄여나가야 한다. 천만 원의 부채가 있다면 한 달에 10만 원씩이라도 갚아 나가야 부채도 줄고 이자도 줄어든다.

✼ ✼ ✼

자가용 승용차는 아무리 소형차라도 되도록 구입을 늦춰야 한다. 취업을 하면 제일먼저 자가용부터 구입하겠다는 젊은이들이 많다. 자가용은 목돈 마련해서 구입하는 것으로 끝나지 않는다. 액수가 만만치 않고 반드시 가입해야 하는 보험금이 들어간다. 젊을수록 보험금 납입액이 높다. 그 다음 꼬박꼬박 자동차세 내야지, 휘발유, 경유 등 기름을 넣어야 한다. 기름 값은 천정부지로 치솟고 있다. 주차비도 만만치 않다. 본의 아니게 위반하면 각종 교통 범칙금도 내야 한다.

또한 자동차의 수많은 부품 가운데는 소모품이 많다. 수시로 교체해줘야 하고, 작은 고장이나 수리는 내 돈으로 해야 한다. 이러한 것들이 모두 합쳐져 '자가용 유지비'가 된다. 매달 결코 적지 않은 돈이 들어가는 것이다. 뿐만 아니라 내비게이션 등 각종 액세서리도 구입해서 장착하고 싶어진다.

또한 자가용이 있으면 거기에 걸맞게 생활하게 된다. 점심이나 저녁을 먹더라도 주차장이 있는 값비싼 대형식당, 고급식당을 찾게 된다. 길가에 있는 분식집 앞에 불법주차해 놓고 혼자서 김밥이나 라면을 먹기는 자가용과 어울리지 않는다. 폼 잡고 이성친구를 태우고 돌아다니면 더 큰 돈이 들어간다. 결국 자동차와 관련해서 돈은 '밑 빠진 독에 물 붓기'로 들어가 돈 먹는 애물단지가 되고 자칫 자가용의 노예가 되기 십상이다. 평범한 샐러리맨 젊은이가 자가용이 있으면 저축은 불가능하다.

＊＊＊

저축의 필요성은 아무리 강조해도 지나치지 않다. 매달 적은 돈을 모아 목돈을 마련하면 꼭 필요하게 써야 할 일은 얼마든지 있다. 그럴 때 큰돈을 마련하려고 무리하지 않아도 된다. 또한 오랫동안 꾸준히 저축을 하면 나중에 큰 자금이 될 수 있다. 곤경에 처했을 때, 무엇인가 계획을 세웠을 때 자금으로 활용할 수 있다. 나이 들어 노후자금이 된다.

어른들의 말이나 옛말이 맞는다. 어른들의 얘기를 들어보면 젊었을 때 저축하라는 말 귀담아 듣지 않고 돈을 펑펑 쓰다보면 나이 들어 반드시 후회한다고 한다. 그러한 시행착오를 겪었기 때문에 뒤늦게 반성처럼 하는 얘기다. 저축은 누구나 다 알고 있는 상식이다. 따지고 보면 우리 삶에서 상식이 진리일 때가 많다. 그런데 상식이기 때문에 대수롭지 않게 생각하며 소홀히 하는 사람들이 많다. 성공으로 가는 습관 가운데 가장 중요한 습관이 저축이다.

노동에 익숙해진다

'호모homo'는 라틴어로 사람을 뜻한다. 영어의 human과 같은 뜻이다. 우리 인류가 침팬지에서 분화된 것은 약 700만 년 전이다. 그 뒤 두 발로 걷는 등 유인원에서 인류로 진화하는 기나긴 세월을 거쳐 뚜렷하게 인류화하기 시작한 것은 약 250만 년 전이다.

이때부터 진화하는 초기인류에게 인류학이나 생물학 등에서는 '호모'를 사용했다. 즉, 호모 하빌리스, 호모 에렉투스 등을 거쳐 우리 현생인류의 직계조상인 호모 사피엔스에 이르렀다. 우리는 여전히 호모 사피엔스다. 때로는 우리 현생인류를 '호모 사피엔스 사피엔스'라고도 한다.

근래에 이르러 이러한 인류의 계통수(족보)와는 별도로 사회학 등에서 인류만이 지닌 특성에 따라 여러 별칭을 붙였다. 예컨대, 호모 루덴스Homo Ludens, 호모 노마드Homo Nomad와 같은 것들이다.

호모 루덴스는 '놀이하는 인간'이라는 뜻으로 오직 인간만이 스포츠 등의 갖가지 놀이를 가지고 있다는 것이며, 호모 노마드는 '유목하는 인간'이라는 뜻으로 인간은 동물처럼 어느 고정된 서식지에만 머물러 있지 않고 끊임없이 이동한다는 것이다. 그러한 인류의 이동성이 놀라운 발전을 가져왔다는 얘기다. 이러한 별칭 가운데 호모 라보르^{Homo Labor}가 있다. '노동하는 인간'이라는 뜻이다.

＊＊＊

맞는 말이다. 오직 인간만이 노동, 일을 한다. 동물들은 오로지 먹고 짝짓기하고 먹이를 찾아 움직일 뿐이다. 그게 동물의 일이며 삶이다. 하지만 인간은 반드시 먹이를 찾아 움직이고 일하는 것은 아니다. 하기는 일을 해서 돈을 벌고 그 돈으로 먹을 것을 구입해서 생계를 유지하는 일련의 경제활동이 폭넓게 보면 먹이를 구하는 행동이라고 할 수 있겠지만, 인간이 일하는 것은 그것만이 아니다.

남들을 위한 사회활동이나 봉사활동도 일이며 종교활동도 일이다. 수입과 관계없는 취미활동도 일이고, 여행도 일이고, 목숨 걸고 에베레스트 산에 오르는 것도 일이며 놀이를 하는 것도 일이다. 스포츠 선수들의 훈련과 연습도 일이고 운동장에 가서 운동경기를 응원하는 것, 극장에 가서 각종 공연을 관람하는 것도 일이다.

노동에는 정신적 노동과 육체적 노동이 있다. 주로 정신적인 노동을 하며 살아가는 사람이 있는가 하면, 육체적 노동을 하며 살아가는 노동자도 있다. 교사, 공무원, 은행원 등이 정신적 노동자라면 생산직 근로자, 기술자 등은 육체적 노동을 하는 사람들이다. 노동의 근본은 육체적 노동이다. 원시인류부터 육체적 노동이었다. 인간이 정신적 노동을 시작한 것은 그 역사가 그리 길지 않다.

아무튼 우리들이 움직이는 모든 행동이 일이라고 할 수 있다. 잠자는 것, 일하다가 잠시 쉬는 것 등을 빼면 인간의 삶은 모두 일이라고 해도 과언이 아니다. 그래서 '노동하는 인간'이 맞다. 다시 말해, 일을 해야 자신의 생존을 스스로 유지해 갈 수입도 창출할 수 있으며 보람과 즐거움을 느낄 수 있고 인간답다.

✱ ✱ ✱

그런데 요즘 일하지 않는 젊은이들이 너무 많다. 정신적 노동이든 육체적 노동이든 아무 일도 안하는 젊은이들이 많다는 얘기다. 가장 왕성하게 일해야 할 나이인데 말이다. 대학을 졸업하면 학업을 계속하거나 취업을 해야 한다. 또는 취업준비를 하든 자신이 추구하는 목표를 향해 매진해야 한다. 당연히 그것들이 모두 일이다. 우리는 흔히 취업을 못해 '그냥 쉬고 있다' '놀고 있다'는 말을 한다. 일을 하고 싶어도 일을 못하고 있다는 얘기다. 하지만 그것은 경제활동만을 하지 못하고 있다는 말이다.

여기서 말하고자 하는 것은 '아무것도 하지 않는 것'을 지적하는 것이다. 아무것도 하지 않고, 좀처럼 움직이지 않는 젊은이들을 지적하는 것이다. 먹고 입고 살아가는 생존은 부모에게 의존하고 방에 콕 틀어박혀 실컷 잠이나 자고, 인터넷, 스마트폰에 매달려 하루하루를 보내는 이른바 '방콕족' 젊은이들이 우리 주변에 결코 적지 않다.

예부터 일하지 않는 사람이나 일하기를 귀찮아 하는 사람, 열심히 일하지 않는 사람을 가리켜 '게으르다'라는 표현을 썼다. 그야말로 게으른 젊은이들이 너무 많다. 노년에 이르러 일하기 힘든 나이가 되면 정년퇴직하거나 은퇴하고 여생을 놀고 쉬면서 보내지만 한창 일할 나이인 젊은이들이 게으르게 그냥 놀며 아무것도 하지 않는다는 것은 안타까운 얘기다.

오히려 경제활동 등 일하는 젊은이들은 더욱 일에 적극적이다. 직장에서 돌아오면 집안청소를 비롯해서 아내의 주방 일을 돕기도 한다. 또 수퍼나 마트에도 함께 가고, 아이들이 있으면 같이 놀아주기도 한다. 쉬는 날에는 운동이나 취미활동에도 열심이다. 그런 젊은이들은 활기차다. 사람은 일을 해야 활기에 넘친다.

✳ ✳ ✳

일하지 않는 사람은 노숙자나 다름없다. 어쩔 수 없이 일을 할 수 없는 병실의 환자나 크게 다를 바 없다. 아무것도 하지 않고 아무것도 하기 싫고 하지 않으려는 젊은이는 우선 방에서 나와라. 부모의 일을 돕거나 집안일을 도와라. 청소도 하고, 고장 난 가전제품을 고치고, 가구 손질이라도 하라. 머리를 움직이는 것보다 몸을 움직이는 육체적 노동을 하라는 얘기다. 그렇다고 공사판에 나가 막노동을 해서 돈을 벌라는 얘기가 아니다. 몸을 많이 움직이라는 것이다.

일부러라도 일거리를 만들어 집밖으로 나서라. 경제활동은 여건이 안 되면 어쩔 수 없지만 경제활동만 일, 노동이 아니다. 일하는 사람에겐 휴식이 꿀맛 같다. 하루의 일이 끝나는 퇴근시간은 즐겁다. 일을 안 하는 주말이나 공휴일은 더없이 반갑다.

그러나 아무것도 하지 않는 사람에게는 평일이나 주말, 공휴일이 모두 똑같고 매일 매일이 지루하고 지겨울 뿐이다. 그래서 자꾸 잠만 자게 된다. 일 안하는 사람에게 늘어나는 것은 잠뿐이다. 우리는 일생의 3분의 1을 잠자는 데 소비한다. 그런데 거기서 더 잠을 잔다면 소중한 나의 인생이 그만큼 줄어드는 셈이다. 우리는 '노동하는 인간'이다. '잠자는 인간'이 되게 하지 말자.

이데올로기에 무장되는 것을 피해라

대학시절 어느 교수가 "대학생 때 공산주의에 빠지지 않아도 병x, 3년 안에 못 빠져 나와도 병x"이라는 말이 있다고 했다. 당시 대학마다 총학생회를 중심으로 이념투쟁이 심각했던 시절이었다.

자신의 인생에서 가장 큰 꿈과 열정을 지니는 20대, 그러나 아직 자신의 정체성과 가치관, 신념 등을 뚜렷하게 갖추지 못한 20대에는 정신적으로 혼란을 겪으며 갖가지 이데올로기에 쉽게 심취하게 된다.

민주주의와 사회주의, 자본주의와 공산주의, 보수와 진보…, 반드시 어느 한 쪽을 선택하고 철저하게 신봉해야 하는 것이 아닌데 젊은이들은 되도록 분명한 태도를 가지려는 경향이 있다. 역시 자신의 정체성이나 신념을 선명하게 나타내고 싶은 심리 때문일 것이다.

※ ※ ※

이데올로기에 대한 갈등은 의외로 손쉽게 판가름 난다. 우리 사회의 현실이 혼란스럽고 불확실하며 정치가 국민들의 다양한 욕구를 충족시켜 주지 못하고 경제가 침체될수록 반체제 쪽으로 치우치기 마련이다. 특히 젊을수록 반체제적인 태도를 가져야 지성인답고 젊은이답다고 생각한다. 젊은이들은 그것을 생각에 그치게 하지 않는다. 열정과 패기로 반체제적인 행동에 두려움 없이 앞장선다.

더욱이 '운동권'에서 행동한다는 것, 그 자체가 젊은이들에게 삶의 목표가 되어 용기와 의욕을 준다. 삶이 나태하고 외롭지 않다. 많은 선후배 '동지'들이 있어 서로 굳게 결속되고 때로는 수배자가 돼 쫓기면서 동지들과 비밀리에 접촉하며 무엇인가 도모하는 자신의 은밀한 활동은 정의롭게 생각되고 초법적이 되어 레지스탕스, 테러리스트와 같은 자부심을 갖게 된다. 더구나 이성異性동지와의 결속은 연애감정을 넘어선다. 여간해서 그들의 결속은 와해되지 않는다.

물론 그것이 긍정적인 결과를 가져오기도 한다. 군사독재체제에 목숨 걸고 맞서 우리나라의 민주화를 가져 온 것도 그러한 젊은이들이었다. 또한 국가발전과 보다 잘 사는 사회, 구태로부터 혁신을 가져오려면 진보적인 젊은이들이 많아져야 한다는 것도 틀림없는 사실이다.

※ ※ ※

그러나 여기서 간과해서는 안 될 것이 있다. 한마디로 하자면 이 시대에는 결정적인 타깃target이 없다는 것이다. 우리의 민주주의체제나 시장경제체제는 타도와 전복의 대상이 될 수 없다. 국민들의 동의와 동조를 얻기 어렵다.

잘 알다시피 전 세계에서 국민들을 끝없이 빈곤에서 헤어나지 못하게 하고 지독한 통제와 감시로 사회주의체제를 유지하던 국가들은 거의 동시에 모조리 무너졌다. 남아 있다면 중국, 쿠바, 북한 정도다. 중국도 정치체제는 사회주의지만 경제는 시장경제를 채택해서 완전히 개혁, 개방되었으며 쿠바는 빈곤에 허덕이고 있고 북한은 김일성 세습왕조로 진정한 사회주의체제라고 할 수 없다.

그러다 보니 요즘 우리나라에서는 이념투쟁이라기 보다는 현 정권의 실정失政, 각종 주요시책에 대한 비판이나 반대시위가 고작이다. 또는 SNS를 통한 다양한 욕구분출과 불만토로, 날선 비판, 때로는 왜곡된 의혹확산 등에 그치는 수준이다.

그렇다고 해서 우리나라에 이데올로기 갈등이 없는 것은 아니다. 진보를 표방하는 사회주의 지향의 좌파세력이 엄연히 존재한다. 김대중, 노무현 좌파경향의 대통령들이 정권을 잡았을 때 좌파세력이 크게 확산됐다. 그러다가 이명박 우파 보수정권이 들어서면서 호기를 놓친 좌파세력들이 노골적으로 반발하듯 결집해서 미국산 쇠고기의 수입을 반대하는 광우병 촛불시위를 대대적으로 펼쳤다. 이어서 한미FTA 반대, 제주도 강정마을 해군기지건설 반대 등 반미反美적인 행동들을 적극적으로 주도했다. 당연히 좌파의 핵심세력은 젊은이들이었다.

국가가 발전하고 국민들의 권익이 향상되려면 우파도 있어야 하고 좌파도 있어야 하며 보수와 진보도 있어야 한다. 서로 견제하며 그릇된 방향으로 일방 통행하는 것을 막아야 하고 국민의 지지를 얻기 위해 서로 발전적인 혁신방안들을 제시해야 한다는 데 반대할 국민은 없다. 또한 많은 젊은이들이 진보의 편에 서고 좌파를 지지한다고 해서 무조건 나무라고 걱정할 일도 아니다. 젊을수록 변화와 새로움을 추구하는 것은 당연한 일이다.

문제는 진보로 위장한 종북, 친북세력이다. 솔직히 이들은 참다운 진보, 진정한 사회주의자들로 볼 수 없다. 이들은 김일성의 주체사상을 신봉하고 북한체제에 동조하는 이른바 '주사파主思派'들이다. 김일성의 주체사상이라는 것은 뿌리가 있는 이데올로기가 아니라 오직 북한주민들을 통제하려는 억압적인 통치수단일 뿐이다. 오죽하면 그 주체사상을 창안했다는 황장엽이 가족까지 버리고 남쪽으로 귀순, 우리나라에서 생을 마감했을까?

우리나라의 종북세력은 그들이 여론의 비난을 받을 때마다 구태의연한 색깔론이니 보수언론의 편파적인 왜곡보도라며 엉뚱한 곳으로 화살을 돌려왔지만, 최근 그들의 부정경선으로 말미암아 그 실체가 분명하게 드러났다. 세계적으로 유례가 없는 60년 가까운 남북분단 대치상황에서 국민의 염원인 통일을 내세우며 진보를 외치고 있지만 그들의 의도는 우리 민족이 바라는 민주평화통일이 아니라 대한민국의 체제파괴 또는 전복으로 북한화하려는 것으로밖에 볼 수 없다.

그것도 북한의 체제가 우리보다 한결 우수하고 이상적이라든가, 북한주민들이 만족스런 삶을 살고 있다면 모르겠다. 하지만 이미 온 세계에 널리 알려진 것처럼 북한은 아무런 통치이념도 없이 김일성부터 권력이 세습되는 김일성교조주의 집단이며 세계에서 가장 가혹한 폐쇄집단이다. 심각한 식량난으로 해마다 수많은 북한주민들이 굶어죽는다.

결코 과장된 북한비난이 아니다. 온 세계가 다 아는 사실이다. 북한주민들은 인권이 말살당한 채 김일성 일가에 대한 우상화 이외에는 아무런 사상적 자유도 없을 뿐 아니라, 식량난에 허덕이며 비참한 생활을 하고 있다. 그러한 참상은 북한주민들의 끝없는 탈북사태에서도 잘 알 수 있다.

당당한 이데올로기인 사회주의도 그렇다. 사회주의 이론이 주는 이상향은 특히 젊은이들에게는 더 할 수 없이 매력적이다. 그러나 사회주의 현실에서는 그것이 얼마나 허구이며 환상이며 망상인지 스스로 무너져버린 사회주의 국가들이 우리에게 충분히 보여줬다.

어쩌면 그래서 어느 교수가 지적했던 것처럼 "대학생 때 공산주의에 안빠져도 병x, 빠져나오지 못해도 병x"이라고 했는지 모른다. 주사파의 종북주의도 그렇다. 이미 북한을 몰래 드나들고 주체사상 전파에 앞장섰던 핵심적인 선배 주사파 멤버들은 북한의 자유를 잃은 참혹한 현실을 체험하고 나서 스스로 잘못된 의식을 바꾸고 오히려 북한인권운동에 자발적으로 나서고 있지 않은가?

✳ ✳ ✳

　진지한 사상탐구는 인생에서 20대에나 가능한 일이다. 30대만 되더라도 눈앞에 닥친 현실에 쫓기면서 이상理想을 추구하기 어렵다. 사상강좌, 인문강좌 등을 열심히 듣고 사상서적, 사회학서적들을 열심히 읽는 것은 바람직한 일이다. 그러나 비뚤어진 성향을 가진 선배 등에 휘둘려 이른바 '의식화 교육' 따위에 발을 잘못 들여 놓았다가는 자신의 인생에 큰 낭패를 가져오기 십상이다.

　그러한 것에 매몰될수록 마치 사교邪敎집단에 빠진 것처럼 비밀스런 집회, 혈육보다 강한 결속, 지령에 따르는 익사이팅한 행동, 조폭과 같은 탈퇴불가 등으로 점점 헤어 나오기 어렵게 된다.

　사회주의나 공산주의는 혁명을 위해 민중을 대상으로 선전과 선동을 요구하는 것이 그 특성이다. 그들 이데올로기는 개인의 자유보다 전체주의, 계획주의로 국민, 민중, 인민을 집단화하려 한다. 집단화는 필연적으로 통제와 감시를 필요로 하며 전체를 조종하는 '빅 브라더Big brother'가 등장하게 되어 있다. 빅 브라더는 곧 독재자다. 지금까지 지구상에 있었고 현재에도 있는 사회주의 국가들에 반드시 독재자가 있었다는 역사적 사실을 알면 이해가 갈 것이다.

　우리에겐 사상의 자유가 있으며 어떤 이데올로기를 신봉할 것인가는 개인 각자의 판단과 선택이다. 종교의 선교활동처럼 자신이 선택한 이데올로기를 전파하기 위해 적극적인 활동을 할 수도 있다. 하지만 자신의 꿈이 정치가나 민중운동에 있는 것이 아니라면 굳이 직접 운동권에 들어가 몸으로 부딪치는 것은 권장할 만한 일이 아니다. 요즘은 SNS 등 자신의 의사를 널리 알릴 효과적인 방법들이 아주 많다.

　20대에 인문과 사상에 관심을 가지되 어떤 이데올로기에 매몰되는 것은 피해야 한다. 이 세상에 완벽한 이데올로기는 없다. 결국 이념이라는 것도 인간이 만들었기 때문이다. 편협한 사고방식에서 벗어나는 것도 세상을 넓게 보는 자신의 습관에 의해 가능하다.

이상에 치우치지 말고 현실에 충실하라

20대는 대부분이 미혼이다. 남녀 모두 삼십 세가 넘어서야 결혼을 생각하는 만혼이 사회풍조인 요즘엔 더욱 그러하다. 2, 30대에 아예 결혼을 하지 않겠다는 비혼非婚을 주장하는 남녀가 많고, 결혼은 필수가 아니라 선택이라는 젊은이들이 크게 늘어나고 있는 추세다.

미혼이든 비혼이든 결혼하지 않은 20대의 가장 큰 장점은 자유롭다는 것이다. 부모의 간섭에서 벗어나 성인으로서 아무런 통제도 받지 않고 무엇이든 할 수 있다. 결혼을 하고 나면 가정을 꾸려가야 하고 생계문제가 눈앞의 현실이기 때문에 자신의 의지대로 자유분방하게 살아가기 어렵다. 그 때문에 일부러 결혼하지 않는 젊은이들도 많다.

우리나라뿐 아니라 세계적인 추세다. 미국 젊은이들도 만혼이 크게 늘어난다. 그 이유로 되도록 오랫동안 자기 마음대로 자유분방하게 살려는 것이라고 서슴없이 말하고 있다. 유럽의 많은 젊은이들도 연인이 필요하거나 성적 욕구는 결혼보다 한결 구속력이 약한 '동거'를 통해서 해결한다.

자유처럼 좋은 것은 없다. 자유분방처럼 즐거운 것은 없다. 자유분방이라는 말 가운데는 '즐긴다'는 의미도 들어있다. 즐기는 것은 젊음의 특권이다. 우리 민요에 "노세 노세 젊어서 노세. 늙어지면 못 노나니…" 하는 구절이 말해주듯, 사실 에너지가 넘치고 아무런 속박이 없는 20대에 마음대로 못하면 나머지 인생을 통틀어 마음껏 부담 없이 즐길 날은 많지 않다. 결혼하면 가정에 묶이고 생활전선에 뛰어들어 일에 매달리고, 늙으면 돈 없고 기력이 떨어져 즐기기 어렵다. 늙은이들이 춤추고 노래하는 것은 자칫 주책없는 행동으로 보인다.

20대에 오락이든 취미든 즐기는 것은 자연스러운 일이다. 부모의 도움을 받거나 어디서 지원을 받거나 경제적인 부담만 없다면, 또 불건전하고 지탄받을 행동이 아니라면 굳이 탓할 일이 아니다. 또한 '즐기는 것'과는 성격이 다르지만 무엇엔가 도전하고 탐험하고 모험할 수 있는 것은 어느 세대보다 20대의 특권이라고 할 수 있다.

* * *

그러나 자신이 즐기는 분야의 전문가가 되는 것이 목표가 아니라면 그러한 것들에 지나치게 몰입하는 것은 바람직하지 못하다. 즐기는 것은 대체적으로 옛말로 주색잡기酒色雜技에 해당된다. 즐기는 것은 습관성이 대단히 강해서 옛사람들도 주색잡기에 빠지는 것을 무척 경계했다. 한번 빠져들면 좀처럼 헤어 나오지 못한다고 해서 '신선놀음에 도끼자루 썩는 줄 모른다'라고 했다. 도끼자루란 노동, 해야 할 생업生業, 즉 먹고 사는 일을 뜻한다. 즐기는 것에 빠져들면 생업조차 내팽개치게 된다는 경고다. 대표적인 것이 도박이나 요즘으로 말하면 도박성 게임, 마약 등이다. 요즘 경마, 경정, 경륜 같은 사행성에 빠져드는 젊은이들도 점점 늘어나고 있다.

자유를 만끽할 수 있는 20대로서 건전성을 전제로 즐길 수 있는 것은 마음껏 즐기되 항상 현실을 잊지 말아야 한다. 현실이란 현재 내가 하고 있는 일, 앞으로 내가 하려고 하는 인생의 목표추구와 같은 것들이다. 먹는 것과 비교하자면 현실은 밥과 같은 주식이며 즐기는 것은 밑반찬 같은 부식일 뿐이다. 밑반찬만 먹어서는 허기를 채울 수도 없거니와 활동할 수 있는 충분한 에너지를 얻을 수 없다.

'현실'도 그렇다. 젊은이들의 현실에는 두 종류가 있다. '현실참여형'과 '현실회피형'이 그것이다. 현실참여형은 무엇보다 매사에 긍정적이다. 현실에 적응하며 행복추구를 위해 열정적이다. 당연히 현실체험도 적극적이어서 알바 등을 통해 노동의 가치를 체험하고 자신의 용돈이나 학비를 마련한다.

직업이 없으면 취업을 위해 열심히 준비하고 현장을 찾아 발로 뛰어다닌다. 부모형제 등 가족관계에서도 대화를 많이 하고 가족이나 일가친척, 친구들의 각종 길흉사에도 열심히 참여한다. 되도록 많은 사람을 만나며 폭넓은 인간관계를 구축해 나간다. 직업이 있는 현실참여형의 젊은이들은 직장에 충실하며 직장의 발전과 성장을 위해 부지런히 아이디어를 찾는 등 최선을 다한다.

현실회피형은 사회에 적응하지 못하는 경우가 많다. 언제나 사회를 향한 부정적인 시각을 가지고 비판적이다. 뚜렷한 직업이 없으면 더욱 그렇다. 당당히 나서는 게 아니라 SNS 등에 매달려 사회현실을 비판하고 비난하고 반체제적인 입장을 취한다. 부질없이 연예계나 스포츠 스타의 신상에 관심이 많아 그들의 스캔들, 성형여부, 과거행적, 학력 따위를 파헤치는 데 극성이다. 그리고 의심하고 조롱하고 비아냥거린다.

직업을 갖고 있는 현실회피형은 자기 직장이나 직업에 만족하지 못하고 항상 이직이나 전직을 생각한다. 따라서 직장에 충실하기 어렵다. 직장동료들과의 관계도 원만하기 어렵다. 직장상사에게는 요주의 인물이 된다. 직장을 옮겨도 달라지지 않는다. 옮긴 직장에서도 충실하지 못하기는 마찬가지다. 그곳에서도 결코 만족하지 못한다. 자기계발도 없고 자기발전도 부족해서 동료들보다 뒤떨어진다. 또한 그럴수록 현실에 불만이 커지고 사회에 불만이 더 커진다.

현실회피형 가운데는 자신의 현실을 제켜두고 다른 일에 매달리는 젊은이들도 있다. 이를테면 목회자가 될 것도 아니면서 자기가 믿는 종교의 광신도가 돼서 선교활동에 온힘을 쏟는다든가, 더러는 사이비 종교에 빠져 비정상적인 행동을 하기도 한다.

내가 고등학교 때 종교에 빠진 같은 학년 학생이 있었다. 그는 휴식

시간마다 우리 반은 물론, 다른 교실을 찾아다니며 "죄의 대가는 사망이니라…" 하며 전도를 시작했다. 교무실을 찾아가 선생님들한테까지 전도했다. 지금 그의 모습은 오간 데 없다. 동창들이 그의 행방을 전혀 모른다. 신학대학에 가서 목회자가 된 것도 아니다.

아주 이상한 집단에 빠지는 현실회피형도 있다. 어느 스타의 팬덤은 그나마 났다. '오컬트'니 심령, 도술, 무속, 종말론 등에 빠져 정상적인 사람들이 들을 때 헛소리 같은 이상한 말을 지껄이는 젊은이들도 있다.

인간의 정신세계를 탐구하는 철학자나 작가 혹은 예술가가 되고자 하는 것이 아니라면 현실회피형, 비현실적인 인간은 크게 성공하기 어렵다. 동물에게는 먹이를 구하는 일이 현실이다. 먹이를 구하지 못하면 죽는다.

현실의 회피나 외면은 그것과 크게 다르지 않다. 현실은 삶의 현장이다. 현실에 적극 참여하는 습관, 현실에 적응하며 최선을 다하는 습관이 성공의 지름길이다.

Part 3

감정과
욕망 탈출
습관 프로젝트

૭૦૦૯

20대는 일생을 통해 성적능력이 가장 왕성하고 뛰어난 시기다.
따라서 세계 어느 인종, 어느 민족이나 일반적으로 20대에 결혼해서 후손을 낳는다.
그래야 최고로 우량한 유전자를 지닌 후손을 낳을 수 있을 뿐 아니라
넘치는 성적욕구를 해소하므로써 갖가지 부작용 등을 막을 수 있기 때문이다.
이것은 우리 인류가 지닌 유전적 본능이다.
때문에 20대에 성적으로 가장 관심과 욕구가 높다.
또한 20대는 스스로 자립하는 시기로
자신의 행동에 대해 전적으로 책임을 질 수 있어야 한다.

본능을 절제하는 감정을 키워라

인간의 행동은 크게 세 가지 원인에서 비롯된다. 본능, 습관, 이성적理性的 판단이 그것이라고 할 수 있다. 본능은 유전적으로 물려받고 이어지는 식본능, 성본능 등이며 습관은 크게 둘로 나눠 볼 수 있다. 하나는 인종, 민족, 국가 등 자신이 속한 공동체의 전통적인 관습, 풍습, 풍속에 해당하는 것이며 또 하나는 개인적인 습성으로 선천적인 습관과 후천적인 습관이 있다. 이성적인 판단은 인간이 지닌 이성에 의해 합리적으로 행동하는 것 또는 법이나 질서를 비롯한 공동체의 질서를 준수하는 것이다.

성性은 최근 동성 간에도 크게 늘어나고 있지만, 일반적으로 남녀, 이성 간에 이루어지는 합의적 행동이다. 독단적인 행동이 아니라는 얘기다. 또한 앞서 말한 대로 거부할 수 없는 본능이다. 하지만 성에도 습관과 이성적 판단이 작용한다.

성에도 공동체의 관습과 풍습이 작용하고, 대개 은밀한 개인적인 행위인 만큼 저마다의 성적 습관이 작용한다. 또한 이성적 판단도 크게 작용한다. 예를 들면 상대하는 이성과 합의 없이 일방적이거나 강압적으로 성을 강제한다면 불법행위가 된다. 그런가 하면 결혼한 남녀의 어느 한쪽이 합리적인 이유 없이 지속적으로 성행위를 거부하면 이혼의 사유가 된다.

✳ ✳ ✳

여기서 지적하고자 하는 것은 성은 본능이기 때문에 거부하기 어려울 뿐 아니라, 20대는 성적 욕구가 가장 강렬한 시기여서 더욱 성에 집착하기 쉽다는 것과, 개인의 성적 습관이 크게 작용한다는 점이다. 요점은 성의식과 성행동은 습관에 의해 크게 좌우된다는 것이다.

유아소년기나 성장과정에서 부모로부터 학대를 당하거나 심하게 괴롭힘을 당한 경험이 있으면 성인이 된 뒤 흉악범이 되기 쉽고 성폭력, 또는 소아기호증으로 어린이 성폭행 등을 저지르기 쉽다고 범죄심리학자들은 말한다. 정당한 성행동에 있어서도 폭력을 자주 행사하거나 강압적인 경우가 많다는 것이다. 즉 성장과정의 트라우마 trauma 에서 오는 적응장애가 비뚤어진 성격과 의식 그리고 습관을 형성하기 때문이라고 한다.

또한 그처럼 비뚤어진 성의식과 습관을 가진 사람들, 특히 젊은이들 가운데는 소위 말하는 'S&M' 즉 가학적이거나 피학적인 성행동을 즐긴다고 한다. 이성을 밧줄로 묶어 놓고 채찍으로 때리는 등 상대에게 고통을 주며 섹스를 즐기거나 스스로 고통을 당하면서 섹스를 해야 쾌감이 큰 것이다.

S&M을 즐기는 젊은이들은 고통을 주는 가학적인 쪽을 '주인님'으로 부르고 스스로 주인의 '노예'임을 자처한다. 그런 관계에서 노예는 성적 행동에서 무조건 주인의 요구에 따른다. 그런 고통과 괴롭힘, 복종 등의 피학을 즐기는 것이다. 결코 정상적인 성의식, 성행동이라고 말할 수 없다. 두 말할 것 없이 잘못 길들여진 성적 습관이다. 심리학에서 S&M은 '성도착증'이라는 정신질환으로 정의한다.

잘못된 성적 습관 가운데 '관음증'이 있다. 관음증은 어떤 습관의 수준을 넘어선 정신질환이다. 남들의 성적 행동을 훔쳐보기에 집착하는 것이 관음증이다. 가령 으슥한 곳에서 벌어지는 카섹스나 연인들의 스킨십 행위 등을 숨어서 지켜보고, 몰래 촬영해서 동영상을 거래하거나 유포한다.

그 정도는 아니더라도 휴대폰 카메라나 몰카를 통해 여자 화장실에서 몰래 촬영하고 거리에서 젊은 여성들의 스커트 속을 몰래 찍었다가 적발되는 사례가 크게 늘어나고 있다. 역시 잘못된 성적 습관으로 관음증이다. 이러한 관음증의 상대적인 개념은 노출증이다. 이른바 '바바리맨'이 대표적인 경우다. 바바리맨의 대다수는 20대 젊은이다. 젊은 여성들도 유행적인 노출수준, 상업적인 노출의 한계를 넘어서면 노출증이다.

뿐만 아니라 여성과의 부당한 신체접촉을 즐기는 것도 그릇된 성적 습관이다. 만원 지하철 등에서 여성에게 자기 몸을 밀착시키거나 슬쩍 여성의 가슴이나 엉덩이를 만지는 성추행은 애정결핍의 하나로 역시 그릇된 습관에서 비롯된다. 그래서 쉽게 고쳐지지 않는다. 나이를 먹어 가고 결혼을 하더라도 기회만 있으면 은근히 성추행을 하려 한다.

일부 직업군인의 가정처럼 엄격하거나 심한 가부장적 가정에서 성장한 남자들은 아버지의 습관을 닮게 된다. 즉 아버지의 습관이 자신의 습관이 돼서 연인이나 아내와의 성행동에서도 일방적이고 강압적이기 쉽다. 여성에 대한 배려 없이 위압적으로 자신의 만족만 얻으려 하는 체질화된 습관 탓이다.

아무리 학력, 경력 등 스펙이 빵빵하고 역량이 출중하고 재주가 뛰어나도 잘못된 성적 습관 하나가 자신의 인생을 망치기 쉽다. 강제적인 성폭력이나 성추행은 말할 것도 없지만 외설적인 말 한 마디, 자신은 대수롭지 않게 생각하고 저지른 사소한 성추행, 또는 교수가 제자를, 상사가 부하 여직원에 자행하는 위계에 의한 강압적인 성행동 하나에 자신의 지위는 물론, 그 동안 쌓아올린 명망과 인격을 모두 잃게 하고 법적 심판을 받게 되는 경우를 우리는 언론보도 등을 통해서 자주 본다. 명성과 명망을 잃고 한순간에 추잡한 인간으로 전락하는 것이다.

명문 의대생들이 MT를 가서 술을 마시고 남학생 세 명이 만취해서 잠든 동료 여학생의 옷을 벗기고 성추행과 동영상 촬영까지 했다가 고발된 사건도 있었다. 남학생들은 모두 법적 처벌로 징역형을 살게 됐으며 학교로부터 다시 복학조차 할 수 없는 출교조치를 당했다. 학업성적이 뛰어나야 응시할 수 있는 명문의대에 들어가 열심히 공부하며 키워가던 의사의 꿈이 잘못된 성적 행동 하나에 물거품이 된 것이다.

※※※

거듭해서 얘기하지만 20대에 성적으로 관심이 많은 것은 본능이다. 동물들도 당연히 성적 본능에 따른 성적 습성이 있고, 동물이기 때문에 같은 무리가 보거나 말거나 주위의 환경 따위에는 아무런 상관없이 어느 때, 어디서나 짝짓기를 한다. 그러나 인간은 다르다. 앞서 말한 대로 인간으로서 인간다운 여러 가지 행동요인들이 있다. 성적 욕구가 샘솟는다고 해서 동물처럼 마음대로 할 수 없는 것이 인간의 성행동이다.

인간의 성행동은 본능과 함께 저마다의 성적 습관에서 출발한다. 비뚤어지거나 그릇된 성적 습관은 자칫하면 자신의 인생을 망쳐 놓는다. 이성에 대한 배려와 합의가 있고 아무리 올바른 성적 습관을 지니고 있더라도 성은 절제해야 할 행동이다.

사랑도 목숨 걸 만한 일이다

20대에게 가장 큰 삶의 비중은 '일과 사랑'이다. 두 가지 모두 본능과 직접 관련 있는 것으로서 '일'은 먹고 살아야 하는 생존본능이며, '사랑'은 후손을 남겨 종족을 보존하려는 생식본능에서 비롯된다. 그리고 이 두 가지가 보편적으로 20대에 시작되기 때문에 그들의 삶에 가장 비중이 클 수밖에 없다.

성인이 되어 자립하기까지 우리는 일반적으로 부모의 보호와 지원을 받는다. 늦어도 20대에 들어서면 자립하는 것이 삶의 과정이다. 대학에 다니는 등 학업을 지속하는 것도 결국 일을 하기 위한 준비과정이다. 그렇지 않으면 거의 평생을 이어갈 자신의 일이 있어야 한다. 그럴 능력이 있어야 후손을 낳아 양육할 수 있다.

20대는 성적으로 성숙한 시기로 자신의 짝을 찾아 원칙적으로 일부

일처제에서 짝짓기를 통해 후손을 낳아야 한다. 그것이 자신의 유전자를 퍼뜨리려는 생존본능이다. 20대는 그러한 성적 행동에 책임과 의무를 다할 수 있는 성인이다.

인간은 20대가 되면 본능적으로 일과 사랑을 찾는다. 우리의 뇌 속에 그렇게 설계가 되어있는 것이다. 그런데 일은 이성적理性的 행동이며 사랑은 감성적 행동으로 서로 성격이 다르다. 20대의 일과 사랑은 저울과도 같다. 쉽게 말해, 일에 너무 치중하면 사랑이 소홀해지고, 사랑에 너무 치중하면 일이 소홀해진다는 얘기다. 20대로서 두 가지를 다 추구해야 하지만, 둘 사이에 균형과 조화가 절대적으로 필요하다. 어느 한 쪽으로 기울면 저울의 균형이 깨져 다른 쪽은 만족스런 성과를 기대하기 어렵다.

✳✳✳

솔직히 젊은이들에게 '일과 사랑'의 균형과 조화는 대단히 어렵다. 그 때문에 영화나 드라마가 즐겨 다루는 주제의 하나이다. '사랑과 야망' 등의 작품이 그것이다. 사랑과 야망은 젊은이들의 가슴을 뛰게 하고, 결코 어느 것도 포기할 수 없는 삶의 목표라고 할 수 있을 것이다.

어찌 보면 단순하게 생각할 수도 있다. 일은 평생을 가져가야 할 업業인 반면, 사랑은 한 순간의 감정이기 때문에 사랑을 할 때, 사랑을 만났을 때는 사랑에 온갖 노력과 정성을 쏟으면 된다고 생각할 수 있다. 하지만 그렇지 않다. 일은 자기 혼자의 주체적인 행동이지만 사랑은 남녀가 함께 이루어내는 상대적인 행위다.

사랑은 나 혼자의 판단으로 한 순간에 정리정돈할 성격이 아니다. 사랑이 절정에 이르면 남녀 두 사람은 서로 하나가 되는 결혼을 통해 가정을 꾸미게 된다. 그러면 '일과 가정'이라는 상대성 갈등이 등장한다. 일에 치중하면 가정이 소홀해지고, 가정에 치중하면 일이 소홀해지는 것이다. '일과 사랑'과 같은 성격이다.

우리 사회, 우리의 일(직장)은 대부분 '멸사봉직滅私奉職'을 은근히 요구한다. 즉, 일을 위해 개인의 희생을 요구하는 것이다. 개인의 희생은 사생활, 사랑의 희생을 말하는 것과 다름없다. 일에 전적으로 매달리고 충실하지 않으면 언제 해고당할지 모른다.

흔히 젊은 아내들은 남편에게 "퇴근하고 곧장 집으로 와" "쓸데없이 친구들과 술 마시지 말고 집으로 오란 말야" 등의 요구를 많이 하고, "아니, 그 회사는 퇴근시간도 없어?" "그 회사는 어떻게 만날 특근, 야근이야?" 하며 불만을 잘 드러낸다. 남자들이 퇴근하고 곧바로 집으로 오거나, 직장에서 칼같이 퇴근하면 사회생활, 직장생활을 원만하게 수행하기 어렵고 돈도 벌기 어렵다.

우리 사회는 가정에 충실하기 어려운 구조다. 그렇다고 일에만 매달리면 사랑과 가정이 소홀해져 자칫하면 아내가 빗나가기 쉽다. 요즘은 맞벌이도 많고 직장생활하는 여성들도 많아서 반대의 경우도 적지 않다. 즉 아내가 매일 늦게 귀가하기 때문에 남자의 불만이 큰 경우다.

✼ ✼ ✼

"여자에게 남자는 인생의 전부이고, 남자에게 여자는 인생의 일부다" 라는 말이 있다. 여자는 사랑이 우선이고 남자는 일이 우선이라는 것을 암시하는 말이다. 고전적인 개념이지만, 일과 사랑을 출발하는 요즘 20대의 남녀들에게도 해당되는 경우가 많다.

일을 시작하고 사랑을 시작한 꿈에 부푼 행복한 젊은이들은 무척 바쁘다. 직장에서 일해야 하고 퇴근 후에 이성친구를 만나야 하고 자기 직장동료들과의 회식, 또 오랜 친구들과의 약속 등이 거의 매일 이어진다. 때로는 어쩔 수 없이 약속이 겹치기도 한다. 보통 일(직장)과 관련 있는 모임이 우선이다. 하지만 이성친구와의 약속도 중요하다.

따라서 장소가 서로 가까우면 눈치를 살펴가며 이쪽, 저쪽을 오가기도 하고, 장소가 멀면 이성친구에게 전화나 문자로 모임이 곧 끝나니까 조그만 더 기다리라고 한다. 그렇지만 자기 예상과 다르게 모임이 길어지기도 하고 2차, 3차로 이어지기도 한다.

직장의 초년병으로 핑계를 대고 빠지고도 어려워 안절부절못한다. 이성친구는 마냥 기다리다 지쳐 불만이 커진다.

문자를 보내 "나를 무시하는 거냐?" "너무 약속을 안 지킨다" 윽박지르다가 지쳐 가버린다. 아니면 뒤늦게 만나더라도 그 날은 완전히 이성친구의 불만토로에 시달려야 한다. 이러한 것이 빌미가 되어 헤어지는 커플도 많다.

✳ ✳ ✳

　일과 사랑이 균형과 조화를 이루는 기술도 개인의 성격과 습관에 있다. 정리정돈을 잘 못하는 것이나 어떤 사안의 우선순위를 정하지 못하고 한꺼번에 손을 대거나 우왕좌왕하는 것 등 습관적으로 산만하면 일과 사랑도 조화롭게 수행하지 못한다. 게으른 습관, 약속을 안 지키는 습관, 자기중심의 이기적인 습관 등은 일과 사랑, 두 가지를 모두 망친다.

　앞서 얘기한 대로 두 가지를 한꺼번에 잘하기는 힘들다. 자칫하면 일과 사랑을 모두 잃기 쉽다. 일에는 열성과 충성심을, 사랑에는 진정성이 있어야 한다. 그러자면 일반적으로 우선순위는 일이 된다. 그것이 상식이기도 하다. 일의 열성과 충성심은 몸으로 보여줘야 하지만, 사랑의 진정성은 마음으로 보여줄 수 있다.

　그러기 위해 일과 사랑에 있어서 모두 정직성, 성실성, 순수성을 보여줘야 한다. 일에 있어서나 사랑에 있어서 평소에 이러한 성격과 습관들이 인정받으면 행동하기가 무척 수월해 진다. 연인과 약속했는데 갑자기 직장의 상사들과 회식을 갖게 되더라도 크게 힘들지 않다.

　회식하다 연인과의 약속시간이 됐을 때 솔직하게 상사와 동료들에게 그 사실을 알리고 양해를 구하면 된다. 평소에 성실성과 정직성을 인정받고 있다면 의심치 않고 양해해준다. 열심히 성실하게 일하는 젊은이라는 것을 모두 잘 알고 있기 때문에 오해하거나 의심하지 않는다. 오히려 "젊은이한테 연인과의 약속도 중요하지" 하며 너그럽게 이해해 준다.

　평소에 요령을 피우거나 거짓말을 잘하는 버릇이 있는 사람은 사실

대로 얘기해도 의심받기 쉽다. 딴 짓하려고 빠진다, 거짓말 핑계를 댄다며 사실조차 인정하지 않는다. 자리를 떠나고 나면 비난이 쏟아진다. "그럴 줄 알았어." "저 자식은 어디까지 사실이고 어디까지 거짓인지 믿을 수가 없어"로 시작해서 업무와 관련된 성실성까지 비난의 대상에 오른다.

연인도 마찬가지다. 평소에 정직하고 성실하고 순수함을 인정받고 있다면 약속을 지키지 못해도 이해해 준다. "갑자기 회식을 한다는 거야. 자기, 그냥 들어가야겠다. 미안해" 하면 약속장소에 나와 있다가도 그의 말을 진실로 받아들인다. 자신을 진정으로 사랑하고 있다는 사실을 알기 때문이다. 그는 결코 거짓말할 사람이 아니라는 것도 잘 알기 때문이다.

그러나 평소에 정직하고 성실하고 순수하지 못하다고 생각되는 사람은 그런 전화를 받았을 때 대뜸 의심부터 한다.

"나 말고 다른 여자(남자)가 있는 거 아냐? 그 여자(남자)가 갑자기 만나자니까 회사에서 회식 있다고 핑계 대는 거 아냐?"

이렇게 의심한다. 일단 거짓말이라고 의심이 되면 그쪽으로 생각이 점점 커지고 불만이 커지면서 마침내 "안 되겠어. 이 사람하고는 헤어져야겠어"까지 가게 된다. 그렇게 해서 일도 잃고 사랑도 잃기 쉬운 것이다.

다시 말하자면 일과 사랑이 조화를 이룰 수 있게 하는 것은 결국 습관의 힘이다. 그 사람이 지닌 성격과 평소의 습관이 그 사람의 인격과 가치를 결정지어 주기 때문이다. 20대에게 일과 사랑은 모두 중요하다. 하지만 균형과 조화를 이루어야 한다. 물론 그것은 쉬운 일이 아니다. 바람직한 습관이 있어야만 무리 없이 해낼 수 있다.

쾌락의 노예가 되면 망가진다

　인간이 쾌락을 얻는 방법에는 여러 가지가 있다. 쾌락의 특성에 따라 개인마다 선호도가 다를 것이다. 하지만 거의 모든 인간에게 공통적인 쾌락은 성, 섹스에서 얻어진다. 본능이기 때문이다. 쾌락을 통해 얻는 것은 쾌감이다.

　동물도 짝짓기를 하지만 쾌감을 느끼지는 못하는 것으로 알려져 있다. 동물은 그저 종족보존의 본능에 따라 짝짓기를 할 뿐이다. 비교적 지능이 높은 영장류 가운데서 짝짓기할 때 쾌감을 느끼는 것으로 감지되기는 했지만 아직 통설이나 학설의 수준에 이르지는 못하고 있다.

　인류도 동물이니까 유인원 단계에서는 별다른 쾌감을 얻지 못하고 다른 동물들과 마찬가지로 종족보존을 위한 본능적 행위로서의 짝짓기를 했을 것이다. 인류가 유인원에서 진화하여 인류화의 길에 들어서는 기준은 뇌용량의 발달에 있다. 호모 에렉투스에 이르러서는 침팬지 뇌용량의 두 배 이상 되는 800~1,000cc로 커졌고, 3, 40만 년 전 호모 사피엔스에 와서는 오늘날 우리 현생인류와 거의 차이가 없는 1,400cc까지 커졌다.

설명할 필요도 없이 성적 쾌감은 뇌에서 감지되는 것이다. 뇌가 발달해야 성적 쾌감을 느낄 수 있다. 따라서 우리 인류는 뇌용량이 커지기 시작한 약 200만 년 전쯤부터 성적 쾌감을 인지하게 됐을 것이다. 호모 하빌리스나 호모 에렉투스는 본능적으로 짝짓기를 하면서 말로 표현할 수 없는 묘한 느낌을 감지하고 스스로 그 기분에 빠져들기 시작했을 것이다.

그것은 우리 인류의 진화사에도 잘 나타나 있다. 주로 채집에 의해 채식을 하던 초기인류는 약 200~150만 년 전 호모 에렉투스에 와서 고기를 먹기 시작했다. 육식을 통해 단백질을 섭취함으로써 뇌용량을 더욱 높였고 불의 발견으로 고기를 익혀 먹음으로써 '맛'을 느끼기 시작했다. 그 맛의 차이처럼 섹스에도 차이가 있다는 느낌도 이때 얻었을 것이다. 때문에 더욱 섹스에 탐닉했을 것이다.

그러한 증거로, 호모 에렉투스에서 남녀 사이에 고기와 섹스의 교환이 이루어졌다. 인류의 암컷은 이 시기에 발정기(배란기)를 감추는 쪽으로 진화했다. 다른 동물들의 암컷은 발정하는 특정한 시기가 있어서 발정기가 되면 스스로 성적 신호를 보내 수컷들을 유혹한다. 즉 동물들의 짝짓기는 대개 특정한 발정기에만 이루어진다.

그런데 인류의 암컷(여자)은 발정기를 은밀하게 감춰 인류의 수컷(남자)을 곁에 두고 언제든지 섹스를 할 수 있도록 했다. 그럼으로써 남자가 자신의 곁을 떠나지 않고 사냥을 통해 지속적으로 고기를 제공하고, 임신해서 아이를 낳으면 긴 육아기 동안 먹거리 구하는 일을 제대로 못하더라도 남자가 구해 오고 자신을 보호하게 했던 것이다.

다시 말해 여자가 남자에게 제공하는 대가가 곧 섹스였다. 호모 에렉투스 남자가 섹스를 통해 쾌감을 느낄 수 없었다면 힘들게 사냥해서 여자에게 고기를 구해다 주며 매일같이 섹스를 할 까닭이 없었을 것이다. 틀림없이 '쾌감'을 인지하고 있었다는 증거다.

따라서 뇌용량이 우리들 현생인류와 거의 같았던 호모 사피엔스는 지금의 우리와 큰 차이가 없는 성적 쾌감을 느꼈을 것이며, 그러한 쾌감 만족이 오늘날까지 이어지고 있다고 볼 수 있다.

약 1만여 년 전, 인류가 정착생활을 시작하며 많은 사람이 모여들게 되자 다양한 이성과의 섹스는 더욱 활성화되었을 것이다. 문명시대에 와서는 쾌감을 얻기 위한 섹스가 만연하자 〈구약성서〉에서조차 십계명에 '간음하지 말라'는 계율이 담길 지경이 되었다. 수천 년 전 인류최초의 직업이라는 매춘부가 등장하기도 했다. 매춘부가 왜 필요했을까? 섹스를 통해 쾌감을 얻으려는 남자들이 많았기 때문이다.

***

성적 기회가 아무래도 제한적인 미혼의 20대라면 섹스에 관심이 많을 것이다. 물론 자신의 유전자를 퍼뜨리려는 종족보존의 본능보다 섹스를 통해 쾌감을 얻고 싶어서다.

어떤 방법으로든 성경험을 갖게 되고 쾌감을 느끼면 점점 탐닉하게 되고 집착을 하면서 섹스를 되풀이하려는 성적 습관이 생기게 된다. 거기서 더 지나치면 섹스중독이 되는 것이다. 윤락여성이든 불륜이든 물불을 가리지 않고 섹스를 해서 쾌감을 얻어야 욕구가 해소된다. 성적 욕구라기보다 쾌감욕구이다.

최근 어느 조사에서 미혼남녀의 후회하는 행동 순위 1, 2위가 유부녀(남)와의 성관계라고 했다. 미혼자와 기혼자의 성관계가 진정한 사랑에 의해서 이루어진 경우는 많지 않다. 미혼자보다 많은 성경험으로 성적 테크닉이 앞선 기혼자를 통해 좀 더 색다른 쾌감을 얻고 싶었기 때문일 것이다.

인간이 쾌락을 얻을 수 있는 행위들은 대개 후유증을 동반한다. 술, 마약, 도박, 향락, 섹스 등이 그 경우다. 자신의 정신과 육체가 황폐화되거나 많은 돈을 탕진하게 된다. 그 후유증은 만만치 않다. 후회하고 끊으려 해도 좀처럼 쉽지 않다. 쾌락에는 쾌감이 있기 때문에 탐닉과 집착을 하게 되고 되풀이함으로써 강력한 습관이 되고 만다. 안 하면 불안하고 초조해서 견딜 수 없다. 그래서 쾌락의 탐닉은 아무도 못말린다.

✱✱✱

우리는 흔히 갖가지 쾌락에 집착하는 사람을 '미쳤다'고 한다. '도박에 미쳤다' '마약에 미쳤다' '섹스에 미쳤다' 등등 미쳤다는 것은 정신이 정상적이 아니라는 뜻이다. 또는 '빠졌다'고도 한다. '빠졌다'는 물에 빠지다, 함정에 빠지다 등과 같이 위기상황을 가리킬 때가 많다. 쾌락의 탐닉은 정상적이지 않고 위기라는 얘기다.

20대에 섹스에 관심이 큰 것은 당연한 현상이지만 지나치면 안 된다. 쾌감 때문에 비정상적으로 탐닉하면 큰일을 하지 못한다. 올바른 정신을 황폐화시키고 뜻밖의 후유증에 시달리거나 자칫 폐인의 지경까지 가기 쉽다. 인간은 자신의 환경과 여건이 안 좋을수록 더욱 쾌락에 빠지려는 습성이 있다. 쾌락추구가 습관이 안 되도록 자신을 콘트럴할 수 있는 자제력이 있어야 한다.

이성교제는 자연스럽고 유쾌하게

20대에게 이성교제는 당연하고 필요한 행동이다. 또한 순간의 선택이 평생을 좌우한다는 말처럼 일생을 통해 가장 중요한 선택을 하는 행동이다. 앞으로의 자신의 인생과 행복이 걸린 일생일대의 더 없이 크고 중요한 일이다. 일부 빗나간 의식을 지닌 젊은이들이 생각하듯 한 순간의 장난일 수 없으며 성적 욕구를 해소할 대상을 확보하는 일이 아니다.

대부분의 이성교제는 사랑을 동력動力으로 삼아 결혼해서 평생 짝을 이루는 것을 목표로 한다. 자신의 일생이 걸린 문제이기 때문에 신중하지 않을 수 없다. 따라서 이성理性을 잃을 정도로 맹목적이고 열정적인 사랑에 빠지지 않았다면, 상당기간 서로 간에 탐색기간을 거친다. 이 탐색기간을 '사귄다' '교제한다'고 말하는 것이다.

그렇다면 탐색과정에서 이성에게서 알아내고 파악하려는 것은 무엇인가? 결론부터 얘기하자면 성격과 습관이다. 성격과 습관은 서로 차이가 있지만 넓게 보면 어느 개인이 지닌 습관 또는 습성이다. 사랑이라는 것도 결국은 상대가 되는 이성의 습관들까지 좋아한다는 것이다.

요즘 물질만능의 그릇된 사회풍조로 말미암아 이성선택, 이성교제, 결혼상대를 고르는 기준이 상대의 성격이나 습관이 아니라 '조건'이 되고 있다는 것은 잘 알려진 사실이다. 이른바 '조건'이 '사랑'을 능가하는 세상이다. 남녀의 중매를 전문으로 하는 결혼정보 기획사들은 아예 점수화되고 등급화된 '조건'의 기준표까지 만들어 놓고 있는 실정이다.

이 '조건'에는 키, 외모, 학력, 경력, 직업(직장)뿐 아니라 재력까지 포함된다. 당사자들의 재력은 물론, 부모의 재산과 재력까지 기준이 된다. 또한 수많은 조건 가운데서 남자는 재력이나 경제적 능력, 여자는 외모가 가장 비중이 크다.

결혼정보회사들은 주로 재산정도에 큰 비중을 두어 점수화하고 등급화한다. 그리하여 결혼상담相談을 하는 것이 아니라 거래성사를 위한 상담商談을 하려는 것이다. 결혼정보 기획사가 아니더라도 '이왕이면 다홍치마'라고 개인적인 이성선택에 있어서도 사랑보다 조건을 우선하는 경우가 적지 않다. 특히 미혼여성들이 그렇다. 조건 좋은 남자를 찾다가 세월 다 보내는 경우가 허다하다.

그러나 사랑보다 조건을 우선으로 맺어졌을 때 후유증뿐 아니라 그 결과가 바람직하지 못한 경우가 대단히 많다. 대표적인 예가 재벌 2세와 빼어난 미모를 지닌 인기 여성연예인과의 결합이다. 그들의 결혼생활이 오래 가는 경우가 드물다. 툭하면 몇 년 지나지 않아 이혼한다.

왜 그럴까? 이유는 간단하다. 사랑보다 조건이 우선했기 때문이다. 재력을 지녔든 미모를 지녔든 각자 뛰어난 조건을 지닌 만큼 속된 말로 서로 위세를 부리고 꼴값을 떨기 때문이다. 대단한 조건을 지녔으니 이혼해도 얼마든지 당당하게 재혼할 수 있다는 자신감도 깔려 있다. 사랑이 부족하니 그들의 결혼생활을 이어가게 할 동력이 부족해진 것이다.

혼수 때문에 결혼합의가 깨지고 결혼생활이 금세 파탄 나는 일이 많은 것은 조건으로 결합된 탓이다. 남부럽지 않은 조건을 지닌 양가 부모는 상대방에게 자신의 조건에 걸 맞는 혼수를 요구하기 때문이다. 이게 맞지 않으면 자녀의 결혼성사, 결혼날짜까지 잡아 놓고도 미련 없이 깨 버린다.

자녀의 입장에서도 사랑보다 조건이 우선했고 결혼해도 부모로부터 많은 지원을 기대하기 때문에 부모의 일방적인 파혼선언을 큰 거부감 없이 받아들인다. 서로 사랑하면 오막살이에서 냉수 한 그릇 떠놓고도 결혼식을 올렸던 우리 할머니, 어머니들은 아무리 생활이 어려워도 백년해로했는데 말이다.

✻✻✻

본론으로 돌아가자. 조건을 우선시하지 않고 사랑을 우선하는 올바른 의식을 지닌 젊은이들의 이성교제 얘기다. 순수한 열정으로 사랑을 하게 되고, 서로 사귀는 교제를 통해, 이성상대가 과연 결혼해서 평생을 함께 할 만한 진정한 배우자감인가를 탐색하는 과정이 결국 상대의 습성이나 습관을 파악하는 거라고 했다.

하기는 조건을 의식하지 않고 사랑을 전제로 한 순수한 이성교제에 있어서도 여러 조건들이 개입한다. 하지만 이 조건은 앞에서 지적한 조건이 아니라 '사랑의 조건'이다. 키, 외모, 성격과 습관, 학력, 장래성 등이 그것이다. 남자의 입장에서 여자는 외모와 성격 등이 중요한 조건이고, 여자는 남자의 외모도 중요하지만 성격, 학력, 장래성 등을 더 중요시한다. 쉽게 '인간성'이 가장 중요하다고도 말한다.

이러한 사랑의 조건들이 서로 자신의 이상형이거나 기대치에 부합할수록 사랑이 무르익는다. 하지만 이 사랑의 조건들을 의식적으로 내세우지는 않는다. 사랑은 상대 이성에 대한 총체적인 필링feeling에서 오기 때문이다. 그래서 '왠지 그 사람이 좋다'라든가 '끌렸다'라고 말한다.

아무튼 서로 교제를 시작하고 점점 사랑을 느끼며 거리가 가까워질수록, 굳이 의도적으로 탐색을 하지 않아도 저절로 각자의 성격과 습관을 드러내게 된다. 가령 급한 성격, 신경질적이고 화를 잘 내는 성격, 너무 소심한 성격, 너무 쫀쫀하고 따지는 성격, 비현실적인 성격, 매사 부정적인 성격 등을 비롯해서, 게으른 습관, 약속을 잘 지키지 않는 습관, 낭비하는 습관, 거짓말 잘하는 습관, 진지함과 정확성이 부족해서 무엇이든 대충대충 넘기는 습관, 상대를 무시하는 습관, 교양 없는 말과 행동…, 헤아릴 수 없이 많은 성격과 습관들을 그대로 드러내는 것이다.

여자에게 제왕처럼 군림하려는 가부장적, 독선적, 일방적인 남자도 있고, 여자를 부하처럼 다루는 남자도 있다. 그런가 하면 무엇이든 여자에게 의지하려는 남자도 있다. 무엇 하나 앞장서거나 리드하지 못하고 여자가 나서고 여자가 판단하고 선택하고 데이트 비용도 여자가 내주기를 바라는 남자도 있다.

또한 서로 허물이 어느 정도 없어지면 만지고 싶다, 같이 자고 싶다, 섹스하고 싶어 못 견디겠다 등등 노골적으로 성적 욕구를 드러내는 남자들도 있다. 구실은 "너를 너무 사랑하기 때문이야" "자기도 나를 사랑하잖아?" "우리 결혼할 건데 어때?" 하며 사랑을 내세운다. 그런 남자는 대개 사랑보다 섹스가 먼저다. 성적 욕구가 해결되면 또 다른 섹스상대를 찾는 경우가 적지 않다.

남자를 완전히 장악하려는 여자들도 있다. 전화, 문자 등을 통해 쉴 새 없이 동태와 위치를 파악하려는 여자들이다. 하루에 수십 통의 문자를 보내기도 한다. 또 남자의 모든 것을 간섭하며 끝없는 잔소리를 해대고 자신의 생각에서 벗어나는 행동은 일체 못하도록 꼼짝달싹 못하게 하는 여자도 있다. 그러면서 자신의 그러한 행동을 완전한 사랑이라고 착각한다.

그리하여 교제하는 과정에서 수많은 오해가 발생하고 갖가지 갈등을 겪게 만드는 경우가 많다. 그러한 것들을 견뎌내지 못하고 마침내 어느 한쪽이 결별을 요구해오면 헤어지는 방법도 성격과 습관에 따라 차이를 나타낸다.

결별요구를 받아들이지 못하고 강하게 반발하며 끊임없이 윽박지르거나 치사한 조건을 내세우기도 한다. 또는 끈질기게 스토킹하거나 직장으로 찾아가 소란을 피기도 하고, 상대의 약점을 사방에 폭로하기도 하고 경우에 따라 해코지하는 사람도 있다.

복수심에서 매일같이 하루에 수십 통, 수백 통씩 문자를 보내 괴롭히는 사람도 있다. 모두 성격과 습관에서 나오는 행동들이다.

✳ ✳ ✳

이성교제 과정에서 서로 흉허물이 없어져 이처럼 자신의 성격과 습관을 모조리 드러내고 나면 마침내 결정적인 판단과 선택의 순간이 온다. 사랑은 감정이지만 결혼에는 이성적으로 판단해야 할 부분이 적지 않다.

상대의 장점이 될 만한 성격이나 습관은 '매력'이 된다. 장점이 많아서 강한 매력을 느끼고 있었으면 선택과 판단은 아주 쉽다. 웬만한 단점은 감춰지고 수용하게 된다. 하지만 장점보다 단점이 많을 때는 문제가 된다. 그것도 자신이 아주 싫어하는 치명적인 단점들이 있다면 결별을 선택할 수밖에 없다. 또한 그것이 현명한 판단이다.

여자는 무척 신경이 예민한데 남자는 심하게 코를 고는 버릇이 있어 견디지 못하고 이혼한 부부도 있었다.

인간은 신이 아니다. 완벽한 인간은 없다. 누구나 성격과 습관에서 장단점을 함께 지니고 있다. 더구나 남녀사이에는 성격의 차이가 많다. 그런데도 한해 10만 쌍이 넘는 이혼의 첫 번째 사유가 '성격차이'다. 여기에는 당연히 습관의 차이도 포함될 것이다.

　진정으로 사랑하는 남녀사이에서 숨김없이 드러난 상대의 성격과 습관, 그 단점, 결점 등은 어찌할 것인가? 헤어지는 것이 가장 현명한 판단일까? 결코 그렇지 않다. 객관적으로 결정적이고 치명적인 단점, 또 자신이 도저히 감당할 수 없는 단점이 아니라면 두 가지 해결방법이 있다. 하나는 그것도 상대의 특성, 매력으로 생각하고 수용하는 방법이고, 또 하나는 결혼하기 전에 서로 노력해서 성격과 습관의 단점들을 개선해 나가는 방법이다.

　심리학자들 가운데는 부부 사이에 어느 정도 성격차이가 있어야 오히려 화목하고 행복하다고 말하는 사람들이 적지 않다. 일리 있는 얘기다. 한쪽이 급한 성격이면 한쪽은 부드럽고 유순해야 충돌이 적다. 한쪽이 게으르면 한쪽은 부지런해야 조화를 이룬다.

　부부가 성격이나 습관이 같아서 똑같이 게으르면 굶어죽는다. 부부가 모두 낙관적, 낙천적, 즉흥적이면 가정경제는 파탄 나고 '잘 되겠지' 하는 속절없는 생각으로 마땅한 대책조차 세우지 못한다. 부부가 모두 너무 부정적이어서 경제적으로 곤경에 처했을 때, "우리가 이렇게 살아야해?" "그러게 말에요. 정말 살고 싶지 않아요" 하면 동반자살 가능성이 높다.

　남에게 피해를 주기 쉬운 성격이나 습관, 또는 교제하는 남녀 사이에 지나치게 거슬리는 상대의 성격과 습관적 단점, 결점을 고치기는 그다지 어렵지 않다. 더욱이 서로 사랑하는 사이라면 상대를 배려하는 마음이 우선이다.

　상대에게 배려심만 있다면 자신의 노력으로 얼마든지 개선이 가능하다. 상대도 격려와 함께 "그 성격 안 고치면 헤어질 거야" "그 습관 안 고치면 난 자기하고 결혼 안 해" 하며 압박감을 줘야 한다. 그리하여 어느 정도 성격, 습관의 단점들이 개선됐을 때 결혼해도 늦지 않다. 변함없이 사랑하고 있다면 말이다.

이성교제할 때 조건에 얽매이지 말기

이성교제에 덧붙여 몇 가지 남은 얘기가 있다. 먼저 결혼은 서로 환경과 수준, 학력 등이 비슷한 사람끼리 하는 것이 좋다. 일반적으로 남자는 여자의 외모에 중점을 두고 여자는 남자의 스펙이나 능력이 자신보다 되도록 뛰어나기를 기대한다.

그러나 오늘날 '평강공주와 바보 온달'의 결합은 절대 행복할 수 없다. 엄청난 재력이 있는 추남이 미스 코리아와 결혼해서 결코 행복하지 않다. 돈 많은 중졸 남자가 여자 대학교수와 결혼해서 행복하지 않다. 서양처럼 20대의 젊은 여성이 70대의 돈 많은 늙은이와 결혼해서 행복할 수 없다. 이성을 사귈 때 기대치를 낮추고 여러 가지로 자기 수준과 엇비슷한 상대가 좋다. 그래야 결혼생활도 무난하다.

다음 근래에 하나의 풍조로 점점 늘어나고 있는 '연상녀' '연하남'의 문제다. 연상녀, 연하남은 같은 말이다. 나이가 자기보다 어린 남자와의 결합이다. 여자 입장에서는 연하남이고 남자 입장에서는 연상녀. 물론 진정한 사랑이라면 나이가 문제될 것은 없다.

더욱이 요즘 여자가 남자보다 서너 살 많은 결합은 아주 흔하고 문제가 될 일이 아니다. 하지만 여자의 나이가 남자보다 적어도 열 살 이상 차이가 있다면 생각해 볼만한 여지가 있다.

그런 경우를 살펴보면 대부분 여자가 경제력이 있고 남자는 꽃미남이 아니면 특별히 내세울 만한 조건이 없는 경우가 많다. 좀 더 구체적으로 살펴보면 연상녀는 스스로 경제력이 있기 때문에 주도적으로 가정을 이끌어 가겠다는 생각과 함께 자신의 의도대로 남자를 다스리며 성적 욕구 등을 해결하겠다는 의지가 강한 것 같다.

꽃미남이거나 좋은 체력, 건강한 젊음 이외에는 별로 내세울 능력이 없는 연하남은 경제력 있는 여자에게 의지해서 편하게 살겠다는 생각이 강하다. 재혼녀와 총각의 결합에서도 이런 형태는 자주 나타나는데 결국 사랑보다 조건이 우선인 셈이다.

물론 서로 진심으로 사랑해서 나이차를 극복하고 결합하는 경우가 없는 것은 아니다. 아무튼 이러한 결합은 살아가는 과정과 세대 차이에서 오는 갈등과 부작용 등 수많은 후유증, 갈등을 내포하고 있다는 것을 알아야 한다.

※※※

다음은 '양다리' 문제다. 최근 미혼남녀를 대상으로 한 어느 조사에서 가장 후회스런 행동 가운데 '양다리'가 있었다. 설명할 필요 없이 양다리란 연인이 있으면서도 연인 이외에 또 다른 복수의 이성과 동시에 교제하는 것을 말한다.

미혼시절에는 되도록 많은 이성을 만나는 것도 나쁘지 않다. 어차피 이성을 선택하는 시기니까 다양한 이성을 만나봐야 최선의 상대를 선택할 수 있다. 하지만 특정한 연인이 있으면서 또 다른 이성과 동시에 교제한다는 것은 틀림없이 문제가 되는 행동이다.

마냥 좋게 봐서 '준비성이 철저한 습관을 가진 사람'이라고 볼 수도 있겠지만 무엇보다 윤리 도덕적으로도 그릇된 행동일 뿐 아니라, 행여 양다리 모두 성관계까지 갖고 있다면 폭탄을 안고 하루하루 살아가는 것과 같다.

사랑에는 시기와 질투가 따른다. 양다리가 들통 났을 때 양쪽 모두의 질투, 시기심과 복수심, 증오심, 배신감, 분노 등이 어떤 결과를 가져올지 모른다. 그런 심리상태는 이성적理性的인 판단조차 무너뜨린다. 이성 교제는 맺고 끊는 것이 분명해야 한다. 나에게 맞지 않는 상대라고 판단되면 되도록 빨리 정리하고 다른 이성을 찾는 것이 좋다. 동시에 다수의 이성과 교제하는 것은 정말 옳지 못하고 위험한 행동이다.

✳✳✳

마지막으로 교제하는 이성끼리의 애정표현이다. 사랑하는 사람끼리의 애정표현은 자연스런 행동이다. 그러나 한 가지 알아둬야 할 것은 그것이 사적행위라는 것이다. 부부나 연인의 합의적인 성행위가 아무리 정당하더라도 남의 시선을 피해 은밀한 사적 행위로 이루어지는 것과 같다.

그런데 요즘 성년인 20대는 말할 것도 없고, 미성년인 청소년들까지 아무 곳에서나 거리낌 없이 애정표현을 한다는 것은 문제가 아닐 수 없다. 버스나 지하철 안, 많은 사람이 오가는 길거리를 가리지 않고 서로 껴안고 입 맞추거나 스킨십을 하는 경우가 아주 흔해졌다. 물론 공공장소라고 예외가 아니다. 어쩌면 서양문화에 익숙해진 탓인지도 모른다. 하지만 아무 곳에서나 노골적인 애정표현은 그것을 보는 사람들의 눈살을 찌푸리게 하고 불쾌감을 주기에 충분하다. 또한 그런 식으로 대담하게 애정표현을 즐긴 남녀의 관계가 오래 가는 것을 보지 못했다.

어떤 경우라도 지나친 애정표현은 은밀해야 한다. 그래야 이성이 신비롭고 사귀는 즐거움이 더 크다. 그것이 습관이라면 아주 잘못된 습관이다.

초식남, 건어물녀에서 구출되기

이른바 '초식남' '건어물녀'는 이미 수년 전의 이슈로 이제는 낡은 유행어지만 오늘날에도 여전히 유효하다. 잘 아다시피 '초식남'은 이성에 별 관심 없이 자기중심적으로 살아가는 젊은 남자를 가리키고, '건어물녀'는 역시 이성에는 관심을 두지 않고 직장에나 열심히 다니며 나머지 시간을 건조하게 보내는 젊은 여성을 말한다.

초식남은 성적으로 문제가 있어서가 아니라 여성과의 만남 자체를 별로 달가워하지 않는다. 여자와 만나면 일반적으로 남자가 데이트 비용을 지불할 뿐 아니라, 성적인 관계나 장래를 약속하기까지 수많은 절차를 거쳐야 하는 것을 싫어하고 귀찮아 한다.

그럴 바에야 자신을 가꾸는 데 비용을 지출함으로써 세련된 감각을 지니고, 자신이 하고 싶은 것, 자신이 좋아하는 것을 혼자 마음껏 즐기는 삶이 한결 보람 있다고 생각한다. 우리만 그런 게 아니라 일본의 젊은이들도 그런 풍조가 강해서 '초식남'이라는 신조어가 일본에서 만들어졌다.

건어물녀는 대체적으로 똑똑하고 학력이 높고 수입이 안정된 젊은 여성들이다. 이들은 남자에게는 별로 관심을 두지 않고 쇼핑이나 공연 관람 등으로 여가를 즐기고 대개 독립적인 생활을 한다. 혼자 사는 자기 집은 깔끔하다기보다 어수선하다. 온갖 물건들이 바닥에 널려 있고 잘 치우지 않는다.

집에 돌아오면 트레이닝 복 따위의 편안한 옷으로 갈아입고 침대에서 뒹굴거나 소파에 누워 TV나 시청하는 것이 고작이다. 입이 심심하면 냉장고에서 오징어나 쥐포 따위를 꺼내 씹어 먹으며 빈둥거린다. 그래서 '건어물녀'다. 어찌보면 일 이외의 여가는 무척 건조해 보인다. 이들 가운데 노처녀로서 고학력의 전문직으로 고소득 수준이라면 이른바 '알파걸'로 불린다.

※ ※ ※

초식남, 건어물녀, 이들은 왜 이성에게 별 관심을 두지 않고 자기중심적으로 생활하는 걸까? 20대라면 이성에 대한 관심이 있어야 하고 성적 욕구가 가장 충만한 시기 아닌가? 오히려 육식남, 색정녀가 어울릴 텐데 어찌 그럴까?

이유는 여러 가지가 있을 것이다. 초식남의 경우, 먼저 사회적인 환경과 무관하지 않다. 경제불황, 경제침체로 젊은이들이 취업을 못하고 있거나 직업을 갖고 있다하더라도 수입이 자신들의 다양한 욕구를 충족시키기에 턱없이 부족하다. 거의 모든 물가는 세계최고 선진국 물가수준에 뒤지지 않는다.

여자를 사귀고 교제하는 데 들어가는 비용이 만만치 않은 것이다. 결혼하면 더욱 경제적 부담을 느끼게 된다. 생계비에 아이가 태어나면 육아비, 이어지는 각종 교육비 등은 젊은이 맞벌이로서도 감당하기에 너무 벅차다. 차라리 이성교제나 결혼은 뒤로 미루고 자신을 가꾸고 자기중심적인 삶을 사는 것이 한결 즐거울 것이다. 또한 성적 욕구를 해결하는 방법도 여러 가지가 있다. 여자친구를 사귀어야만 해결할 수 있는 것은 아니다.

건어물녀의 경우도 그렇다. 우선 비혼, 만혼풍조가 대세를 이루고 있는 현실에서 남자를 사귀고 결혼하면 구속된 생활을 하게 된다. 경제문제도 혼자일 때보다 훨씬 부담스러울 수 있고 아이를 갖게 되면 갖가지 제약과 경제적 부담이 뒤따른다. 그보다는 미혼으로서 아무런 속박이나 부담 없이 또 누구의 눈치를 볼 일도 없이 자기중심으로 즐기며 사는 것이 한결 행복할 수 있다. 간섭 받을 일도 눈치 볼 일도 없으니까 혼자서 제멋대로 편하게 사는 것이다.

뿐만 아니라 남자를 사귀고 싶어도 자신이 기대하는 수준의 남자를 만나기가 결코 쉽지 않다. 마음에 드는 남자를 찾았더라도 한껏 높아진 콧대를 숙이고 그 남자에게만 얽매이기 싫고 구속력이 강한 결혼의 필요성을 절감하지 못한다. 더군다나 자신의 외모나 수준, 경제력이 높다고 스스로 생각하면, 자신을 능가하면서 자기를 공주처럼 모셔줄 남자를 구하기란 거의 불가능에 가깝다.

재벌2세나 빼어난 미남, 인기 연예인, 박지성 선수 같은 스포츠 스타, 대단한 능력을 지닌 남자 등이 자신이 기대하는 수준에 맞을지 모르지만 그들이 자기 차지가 된다는 보장은 거의 없으며 숫자도 극히 제한적이다. 비혼, 만혼 풍조에 기대를 충족시켜 줄 남자를 찾아 헤매느니 혼자 마음 편하게 사는 것이 한결 나은 것이다.

※ ※ ※

아일랜드 출신의 유명한 극작가이자 독설가였던 조지 버나드 쇼는 "결혼은 인간이 만들어 낸 가장 방종한 제도"라고 비판했다. 그러나 어느 철학자는 "결혼을 해도 후회하고 안 해도 후회하지만 난 결혼을 선택할 것"이라고 했다. 그렇다. 아무리 비혼, 만혼이 요즘 사회풍조이며 자기중심의 이기주의가 강한 시대라 하더라도 마침내 결혼은 해야 한다.

자신의 짝을 만나 짝짓기를 하고 후손을 낳아 대를 이어가게 하는 것이 본능이다. 지금은 혼자 사는 생활이 즐겁고 편할지 모르지만, 끝내 결혼을 하지 않아 배우자가 없고 자식조차 없으면 나이가 들수록 외롭고 보통사람이 느끼는 참다운 삶의 가치와 보람을 얻기 힘들다. 노년에 이르면 외롭다 못해 쓸쓸하고 처량하기까지 하다. 그런 혼자 사는 노인들을 우리는 주변에서 흔하게 볼 수 있다.

오래 전, 미국에서는 어느 신문이 당시 소문난 알파걸 10명을 대서특필했다. 그리고 20년 후 다른 언론매체가 그 알파걸들을 추적했더니 10명 가운데 8명이 결혼을 했더라고 보도했다. 사실 진짜 결혼 안 하고 독신으로 살겠다는 여자보다 자기가 기대하는 높은 수준의 남자를 못 만나니까 자기 스스로 결혼 안 하겠다고 자존심을 내세우는 여자도 적지 않다.

결혼은 인생의 통과의례이지 대단한 것은 아니다. 오늘날 남녀평등 시대에 어느 한쪽이 자신보다 훨씬 뛰어나야만 잘 사는 시대가 아니다. 여자는 섹스나 제공하고 그 대가로 배우자로부터 온갖 혜택과 도움을 받으며 사는 시대도 아니다. 오히려 그보다는 서로 모자라는 것을 보완하며 함께 가정을 꾸려가는 시대다. 아울러 '나는 특별하다'라는 자의식을 버려야 한다. 내가 특별하다고 생각할 수 없을 만큼 오늘날은 누구나 특별하기는 마찬가지다.

"상식적으로 생각하고 상식적으로 살아가는 것이 최선의 삶의 방식이다"라는 말이 있다. 상식적이라는 것은 많은 사람들이 삶을 통해 찾아낸 체험의 축적이자 공통적인 최선을 가리키는 것이다. 따라서 상식적인 삶이 최선이라는 말은 귀담아 들을 필요가 있다.

'나는 특별하고 특별한 삶을 살겠다'는 의지를 가진 젊은이들이 얼마든지 있을 수 있다. 그의 뜻대로 되면 정말 특별한 삶, 특별한 성공을 기대할 수 있다. 하지만 그보다 상식에서 벗어나려면 큰 위험부담을 감수해야 한다.

되풀이하지만 결과적으로 결혼은 해야 한다. 그래야 삶이 풍요롭다. 이성을 사귀고 결혼을 계획하는 것은 20대, 젊은이들의 특권이다. 그리고 연인과의 사랑을 키워가며 결혼을 위해 저축하는 등 남들과 같이 상식적으로 살아가는 즐거움이 인생의 진정한 즐거움이다. 이러한 상식적인 의식은 생활습관에서 나온다.

'나는 특별하다'는 생각을 가지면 습관도 상식에서 벗어나 엉뚱한 습관으로 변질되기 쉽다. 결국 초식남, 건어물녀는 상식적인 습관에서 벗어나 엉뚱한 습관, 그렇다고 바람직하다고 말하기 어려운 습관을 가진 젊은 남녀들이다.

뽐내는 자기과시에서 벗어나라

찰스 다윈의 〈진화론〉에 들어있는 '성선택이론'에서 주장하는 동물들의 짝짓기 원칙은 의외로 간단명료하다. 즉 '수컷은 과시하고 암컷은 선택한다'는 것이다. 수컷은 암컷에게 없는 뿔, 갈기, 벼슬, 화려한 꼬리, 화려한 색깔, 곤충류나 일부 조류 등은 노랫소리로 자신을 과시하며 암컷을 유혹한다. 또는 수컷끼리 힘으로 맞서 승자가 암컷을 차지하기도 한다. 그것도 힘의 과시다. 짝의 선택은 암컷의 몫이다. 물론 암컷들도 발정기가 되면 성적 신호를 나타내고 나름대로의 몸짓과 소리로 수컷들을 적극적으로 끌어들여 선택의 폭을 넓힌다.

동물인 우리 인간도 예외가 아니다. 한층 동물에 가까웠던 원시인류의 수컷(남자)은 힘의 과시로 암컷(여자)을 유혹했을 것이다. 이러한 동물의 유전적 본능은 우리에게 여전히 남아있다.

원시인류처럼 힘을 과시하는 것은 아니지만 남자는 자신의 스펙, 역량, 경제력 등을 과시하고 일반적으로 짝이 될 만한 남자의 선택은 여자가 한다. 쉽게 말해, 남자는 자신을 과시하며 여자에게 적극적으로 접근하고 그를 받아들일지 말지는 일반적으로 여자가 결정한다는 얘기다.

여자들도 마찬가지다. 동물들의 암컷은 발정기에만 요란을 떨지만 인간의 여자는 그와 달리, 사시사철 언제나 자신을 과시하며 남자들의 관심을 끌려 한다. 보다 많은 남자들이 자기에게 관심을 가져 선택의 폭을 넓히려는 본능이다. 특히 남자의 마음을 사로잡을 만한 외모를 과시하기 위해 화장하고 성형하고 다이어트하고, 패션에 무척 신경을 쓴다. 몸매에 자신 있는 여자는 지나친 노출로 자신을 과시한다. 스스로 자신을 최대한 돋보이려는 의도이다.

남자와 단둘이 만나는 약속을 하게 되면 몸을 청결하게 하고 브래지어, 팬티 등의 내복을 갈아입는다. 남자와 단둘이 만난다고 반드시 짝짓기를 하는 것은 아니지만 결국 짝짓기 본능에서 나오는 행동이다. 남자들은 자신의 성적性的 능력을 드러내놓고 과시한다.

✱✱✱

문제는 과시와 유혹이 본능적인 행동이라 하더라도 그것이 지나칠 때다. '과시하는 습관'이 지나치면 꼴불견이 될 뿐 아니라, 진정성을 의심받을 수 있다. 또한 지나친 과시는 이성에게 큰 부담을 주기 때문에 오히려 역효과일 경우가 많다는 데 있다.

얼마 전 전라남도 광주에서는 초등학교 저학년 어린이 몇 명이 시가 5억 상당의 유명한 외제차 람보르기니를 크게 훼손한 사건이 있었다. 어린이들은 자동차 모양이 장난감 비슷하니까 차에 온통 소화기를 뿌리고 차 지붕에 올라가 발을 구르는 등 심하게 장난쳐 크게 망가졌다는 것이다. 정상으로 복구하는 데 수리비만 하더라도 2억 원 가까이 된다고 한다. 어린이 부모가 꼼짝없이 물어주게 됐으니 안타까운 일이다.

그런데 내가 관심을 가진 것은 이 람보르기니의 주인이 28세의 젊은이라는 사실이다. 불과 28세의 젊은이가 어떻게 그처럼 값비싼 외제차를 끌고 다닐까? 5억짜리 외제차를 타고 다닐 정도면 틀림없이 자기 집이 있을 것이며 재산이 적어도 20억은 될 것이다.

과연 이 청년이 무엇으로 그렇게 큰돈을 벌었을까? 무척 의구심이 들었다. 아무리 생각해봐도 그의 부모가 무척 부자여서 고급차를 사주지 않았을까 하는 생각이 들 수밖에 없었다. 사실이 그렇다면 그 청년은 부모의 도움으로 자기를 지나치게 과시하는 셈이다.

몇 년 전 중국에서는 20대 대학생이 술을 마시고 자기 학교 캠퍼스에서 외제차를 몰다가 여학생 두 명을 치어 목숨을 잃게 하는 사고가 있었다. 그는 공안(경찰)에게 붙잡히자 "우리 아버지가 누군지 알아?" 하고 오히려 큰 소리쳐서 더욱 화제가 됐었다. 그야말로 얼빠진 놈이었다. 그의 아버지는 공산당 간부였다. 음주상태로 교내에서 차를 몬 것도 과시며, 대학생이 외제차를 탄다는 것도 과시며, 아버지를 파는 것도 과시다. 모두 지나친 과시다.

'빈 독이 소리가 크다'는 속담처럼 남녀를 불문하고 부모의 능력이 마치 자신의 능력인 양 과시하며 허풍을 떠는 젊은이들이 적지 않다. 겉으로는 이웃에 과시하고 주변에 과시하는 모양새지만 그 저의를 들여다보면 젊은 미혼 남녀의 과시는 이성을 유혹하려는 것이다.

***

20대가 이성에게 자기를 과시하는 행동은 짝짓기 본능이라고 했다. 말하자면 필요한 행동이라고 할 수 있다. 자기의 능력을 과시하고 조금 과장해서 허풍을 떤다고 해서 크게 나무랄 일은 아니다. 20대에 자신을 뽐내지 않으면 언제 뽐내겠는가.

거듭 말하지만 문제가 되는 것은 앞에서 지적한 것처럼 그 정도가 지나칠 경우다. 부모 덕에 과시하는 것, 자기 능력을 훨씬 과장해서 과시하는 것 또는 마음에 드는 이성을 어떻게 해서든지 붙잡기 위해 자신을 지나치게 부풀리거나 터무니없는 거짓말을 하는 것 등이 문제다. 터무니없는 거짓말로 이성을 유혹하려 한다면 그것은 사기행위다.

20대 미혼여성이 명품으로 온 몸을 치장하는 등 사치와 허영을 즐기며 자신을 과시하고 돌아다닌다고 해서 제 정신 가진 남자들은 걸려들지 않는다. 오히려 된장녀, 신상녀, 꼴불견으로 폄하하고 배척한다. 따져보라. 20대 미혼여성이 어떻게 자기 능력으로 수백만 원짜리 명품 가방, 명품 의상을 살 수 있겠는가?

요즘 자주 터지는 여자 경리사원들의 횡령사건들을 보면 대부분 횡령한 돈을 명품구입과 유흥비로 탕진했다고 한다. 결국 과시욕 때문에 범죄자가 된 것이다. 스스로 그만한 능력이 있어도 검소해야 남자들의 사랑을 받는다. 남자도 마찬가지다. 과시욕이 강한 남자, 허풍이 심한 남자, 겉멋에 치중하는 남자를 진심으로 생각하고 배우자감으로 생각하는 여자는 거의 없을 것이다.

남자든 여자든 외모는 겉으로 드러난다. 여자가 성형을 해서 더욱 완벽한 외모를 지닐 수 있겠지만 성형미인을 싫어하는 남자도 많다. 남자의 스펙이나 갖가지 능력은 크게 과시하지 않아도 남들이 알아준다. 여자의 외모나 품성도 굳이 과시하지 않아도 남자의 눈에 띄기 마련이다. 인기연예인처럼 국민여동생이 되어 많은 사람의 사랑을 받지 않아도 배우자감은 얼마든지 있다. 꼭 외모만 선택의 기준이 아니기 때문이다.

사실 인간은 누구나 과시를 좋아한다. 젊은이는 더욱 그렇다. 하지만 과시가 지나쳐 '과시욕'이 된다면 오히려 역효과가 크다. 지나치게 과시하는 습관을 반드시 버려야 성공한다.

결혼상대, 너무 쉽게 결정짓지 마라

성조숙, 각급학교의 남녀공학 등 여러 가지 이유로 이성과 친구 이상의 관계, 즉 남녀가 서로 사귀는 청소년들이 크게 늘어나고 있다. 고등학생은 말할 것도 없고 중학생들도 남녀학생이 손을 잡고 걷거나 어깨, 허리를 감싸고 버젓이 대낮의 거리를 걷는 모습을 흔히 본다. 호젓한 벤치에 앉아 거침없이 애정표현을 하는 학생들도 있다. 그들에게 키스는 대수롭지 않아 보인다.

중고등학생들에게 사귀는 이성, 연인이 있다고 해서 큰 문제가 될 것은 없다. 이성교제에 관심이 많을 나이에 어쩌면 당연하다. 교제할 때는 그들의 사랑이 영원해서 결혼까지 이어질 것으로 생각하겠지만 그런 경우는 극히 드물다. 그렇더라도 건전한 이성교제는 나쁠 게 없다.

문제는 섹스다. 초등학교 고학년만 되면 음란동영상을 쉽게 접하고 성적 조숙으로 섹스에 대한 관심이 높은 것으로 나타나고 있다.

최근 보건복지부의 조사에서도 성관계 경험 있는 10대 청소년의 성관계 첫 경험 평균나이가 13.6세로 나타났다. 그 평균나이는 초등학교 6학년, 중학교 1, 2학년에 해당된다. 정말 놀라운 일이 아닐 수 없다.

이성과 성관계까지는 가지 않더라도 섹스에 대한 호기심과 욕구가 강하다 보니 그들 나이에서 성폭력이나 성추행이 흔하게 일어나 사회문제가 될 정도다. 이런 현실에서 연인관계에 있는 남녀학생이 별다른 조심성이나 망설임 없이 성관계를 가질 수 있다. 10대 미혼모가 크게 증가하는 것도 그 때문이다.

10대의 중고등학생들이 이럴진대, 대학생을 비롯한 20대는 말할 나위도 없다. 그들의 이성교제는 거의 섹스로 이어진다. 어느 조사에 따르면, 남자대학생의 50% 이상, 여대생의 20% 이상이 성경험이 있는 것으로 나타났지만 실제로는 그보다 더 많으면 많았지 결코 덜하지 않을 것이다.

20대에 이르러 남녀가 사귀게 되면 대부분 영원히 변치 않을 연인으로 생각하게 되고 장래까지 약속하는 경우가 많다. 그래서 섹스에 대한 경계심도 적다. 생일기념, 사귄 지 100일 기념, 발렌타인 데이, 화이트 데이, 크리스마스, 갖가지 기념일을 구실삼아 섹스를 하게 되고 하숙방, 자취방 등에서 서슴없이 함께 잔다. 당당하게 동거하는 커플도 많다. 법적으로 당연히 성인이기 때문에 그 어떤 간섭이나 통제도 안 받는다.

✳✳✳

　이들의 교제가 정말 결혼까지 이어진다면 크게 문제 삼을 것은 없다. 그러나 현실은 반드시 그들의 생각과 같지 않다. 젊기 때문에, 현재 사귀며 섹스하는 이성보다 훨씬 기대치가 높은 이성을 만날 가능성이 높고, 사소한 이유와 오해 등으로 헤어지게 되고, 취업 등의 경제적인 문제로 갈등이 생기고, 남자의 군복무로 떨어지게 되고, 이유는 많다.

　더구나 한창 성적 욕구가 강할 때 남자가 겉으로는 사랑한다고 말하지만 실제로는 성욕해결 수단으로 여자를 사귀는 경우도 있다. 아무튼 20대, 특히 이성과의 첫 교제는 대부분 오래가지 못한다.

　20대의 남녀가 서로 사랑하고 헤어지는 것은 흔한 일이다. 문제는 헤어질 때다. 실연도 사랑의 한 과정이라지만 실제로는 그렇지 않다. 서로 합의해서 헤어지지 않고 어느 한쪽에서 일방적일 때는 자칫 큰 고통을 겪게 되는 경우가 적지 않다. 더욱이 배신당했다고 생각하는 남자의 경우는 절대 쉽게 포기하지 않는다. 호소와 설득, 회유가 통하지 않으면 물리적으로 해코지하는 경우가 너무 흔하다. 보복을 하는 것이다. 자칫하면 큰 봉변을 당하게 된다.

　쉽게 헤어지지 못하는 이유 가운데 섹스도 큰 몫을 차지한다. 자유롭게 섹스할 수 있던 여자를 잃게 되는 남자의 분노는 생각보다 훨씬 크다. 섹스 관계만 없었더라도 그렇게 극단적인 행동은 하지 않을 것이다.

　20대 때 이성교제는 하되 경솔해서는 안 된다. 쉽게 내 영원한 연인으로 단정을 내려서도 안 된다. 요즘 결혼을 하고나서도 어찌될지 몰라 오랫동안 결혼신고조차 않하는 것이 추세다. 일단 동거해 보고 결정하는 것도 나쁘지 않다는 젊은이가 60%나 된다.

하지만 서로 어떤 형식으로 인연을 맺든 섹스는 신중해야 한다. "남자는 섹스를 위해 사랑하고 여자는 사랑을 위해 섹스한다"는 말이 있다. 일생을 통해 가장 성적 욕구가 강한 20대에 한두 번 섹스를 경험하게 되고 섹스에 집착하게 되면 그 쾌락에서 벗어나기 힘들다.

남자의 경우, 그야말로 사랑이 아니라 섹스를 위해 여자를 사귀기도 한다. 사랑은 수단일 뿐이고 섹스가 목적인 경우가 많다. 여자는 남자가 자기와의 섹스에 집착하는 것을 열정적인 사랑으로 착각하기 쉽다. 그래서 선뜻 섹스를 허락한다. 처음이 어렵지 한번 성관계를 가지면 별다른 절차 없이 섹스를 이어간다. 그러다가 헤어질 때 문제가 되고, 여자에게는 자칫하면 '과거가 있는 여자' '지울 수 없는 과거의 흔적'으로 남는 것이다.

※ ※ ※

하기는 요즘 성개방풍조가 만연한 시대여서 여자가 지나치게 성적으로 몸을 사리면 답답하고 구시대적인 여자로 취급당하기 쉽다. 그런가 하면 "혼전순결은 필수가 아니라 선택이다"라고 말하며 스스로 성을 즐기는 젊은 여성들이 크게 늘어나는 추세다.

판단은 어디까지나 자기 몫이며 자기 자유다. 헤어질 것을 전제로 해서 사귀는 연인은 없다. 사귀다가 어떤 이유로 헤어지는 것이다. 사랑이 아니라 서로 즐기기 위해 사귀는 남녀도 있고 일시적인 계약에 의해 동거하며 성관계를 갖는 경우도 있다. 누가 강요하거나 통제하는 것이 아니다. 자신이 선택하는 것이다. 결과에 대해서는 자신이 책임을 져야 한다는 얘기다.

이 세상에 영원한 것은 없다. 모두 한계가 있기 마련이다. 심리학자들은 물불을 가리지 않는 열정적인 사랑도 그 한계가 2년6개월에서 3년 정도라고 한다. 아무리 맛있는 음식도 만날 먹으면 싫증이 난다. 같은 커플이 지속적으로 언제나 같은 패턴으로 섹스를 하면 당연히 싫증이 난다. 사랑보다 섹스에 집착하면 그래서 언젠가는 한계를 드러내고 갈등이 생기는 것이다.

특히 젊은 여성들에게 무모한 섹스는 임신, 낙태 등의 심각한 현실적 문제를 수반되기 쉽다. 몰입하고 집착했던 섹스에는 반드시 후유증이 뒤따른다. 남자가 여자를 진심으로 사랑하면 성적인 요구에 매달리지 않는다. 사랑보다 섹스를 먼저 요구하는 남자는 경계할 필요가 있다.

섹스는 본능이지만 습관이기도 하다. 어떻게 습관을 길들이느냐에 따라 약이 되고 독이 되기도 한다. 남자나 여자나 젊었을 때 섹스에 신중할 필요가 있다. 섹스에 너무 집착하면 큰일에 소홀해진다. 그보다 자기가 하고 있는 일, 추구하는 목표에 충실해야 한다.

더욱이 결혼은 평생을 함께 할 인생의 동반자를 선택하는 인생에서 가장 중요한 통과의례다. 섹스에 얽매여 체념적으로 결정하거나 젊음의 뜨거운 열정과 순간적인 기분으로 쉽게 결정할 일이 결코 아니다. 사랑하는 것은 좋지만, 또 성관계를 가졌다고 해서 너무 쉽게 즉흥적으로 '우리 결혼하자'라는 말은 삼가야 한다.

  어느 PD 출신 방송사 간부가 신문 칼럼에서 "자기 마음에 들고 몸에 맞는 옷 하나 고르는 것도 수월치 않은데 평생을 함께 할 사람 고르는 일이 얼마나 힘든 일인가…."라고 했듯이 결혼이 아무리 늦어지더라도 신중해야 한다.

Part **4**

성공하는 습관 프로젝트

༄༅

젊은이, 특히 20대에는 무조건 많이 움직이라는 것은
반드시 진화적 관점에서만 강조하는 게 아니다.
20대는 신체적 에너지가 가장 왕성한 시기여서
굳이 강조하지 않더라도 어느 세대보다 많이 움직인다.
속된 표현으로 가만히 있으면 좀이 쑤셔서 견디지 못하는 것이 20대다.

자신을 믿어라, 그리고 스스로 믿게 행동하라

　가까운 사람들과 함께 어떤 일을 도모했다가 낭패를 봤을 때 또는 그럴 듯한 꼬임에 넘어가 사기를 당했을 때 흔히 "세상에 믿을 놈이 없다"고 말한다. 그렇다. 인간관계는 서로 신뢰를 바탕으로 이루어진다. 가족, 일가친척은 말할 것도 없고, 친구, 선후배, 대인관계, 모두 신뢰가 바탕이다. 따라서 신뢰가 무너지면 참다운 인간관계는 형성될 수 없다.

　그렇다면 스스로 생각해 보라. 자기 자신은 과연 믿을 만한 사람인가? 혹시 남들이 당신까지 포함해서 '믿을 놈이 없다'는 말을 한 적은 없는가? 인간은 본능적으로 무리지어 생활하는 동물이다. 우리는 그것을 '사회'라고 말한다. 신뢰를 잃어 혈육 간에 무시당하고 사회로부터 외면당하면 무리에서 소외된다. 무리지어 생활하는 동물세계에서 소외당하고 이탈되는 것은 곧 죽음을 뜻한다.

신뢰, 즉 믿음은 대인관계에만 해당되는 것은 아니다. 한 개인, 자기 자신에게도 해당된다. 다시 말해 스스로 자신을 믿어야 한다는 얘기다. 그러자면 스스로 자신을 믿게 행동해야 한다. 가령 올해는 꼭 담배를 끊겠다고 다짐했다가 못 끊었다거나, 매일 운동을 하겠다고 다짐했다가 이런 저런 이유로 실행하지 못했을 때, 다른 사람과 중요한 약속을 지키지 않았을 때 등등 얼핏 사소한 것 같지만 그러한 것들도 자기 자신을 못 믿게 하는 행동이다.

더구나 무엇인가 꼭 이루고 말겠다는 목표와 계획을 세웠다가 해내지 못하고 낙심하며 "내가 뭘 하겠어" "나 같은 놈이 그렇지" 하며 자포자기하는 사람들을 많이 본다. 자기 자신을 신뢰하지 못하는 것이다. 신뢰감이 약한 사람에게는 다음과 같은 몇 가지 공통점이 있다.

- 의지와 결단력이 약하다.
- 끈기가 부족하다.
- 우유부단한 성격이 많다.
- 귀가 얇아 남의 얘기에 많이 좌우된다.
- 핑계와 변명이 많다.
- 보편적으로 게으른 편이다.
- 약속을 잘 지키지 않는다.
- 남에 대한 얘기를 많이 한다.

✱✱✱

　물론 개인에 따라 차이가 있고 그 밖에도 여러 가지 특성들이 있을 것이다. 지적한 몇 가지 공통점을 살펴보면 신뢰감이 부족한 사람은 대개 의지와 결단력이 약해서 자기 자신과의 약속이나 다짐을 쉽게 포기한다. 끈기가 남보다 부족한 탓이다. 또한 우유부단한 성격으로 결심이 약해 잘 흔들린다. 특히 귀가 얇아 자기의 주관보다 남의 말에 솔깃해서 그때그때 이리저리 흔들린다. 당연히 믿지 못할 사람이라는 소리를 듣기 마련이다.

　뿐만 아니라 남들의 지적에 대해서 솔직히 신뢰성 부족을 시인하기보다 이런저런 핑계와 변명을 많이 댄다. 남을 탓하고 거짓상황을 만들어 꾸며대고 자기가 먼저 납득하기 어려운 변명을 늘어놓는다. 또한 그런 사람 대부분은 보편적으로 게으르다. 행동도 게으르고 생각도 게을러서 약속을 잘 잊거나 대수롭지 않게 어긴다. 날씨가 춥든가 비만 와도 약속장소에 나가지 않는다.

　신뢰감이 떨어지는 사람일수록 자신에 대한 얘기보다 남에 대한 얘기를 많이 한다. 그러다보니 자신이 알게 된 남의 비밀까지 능청스럽게 털어놓는다.

　"이건 나만 아는 비밀인데 아무개와 아무개가 사내연애를 하거든. 아무개가 나한테 털어놓으면서 다른 사람한테 절대로 비밀로 하랬거든. 누구한테 얘기하면 안 돼."

　이렇게 남의 비밀을 털어놓는다.

이런 버릇이 알려지면 아무도 신뢰감이 부족한 사람에게 속 깊은 얘기를 털어놓지 않는다. 당연히 신뢰성이 중요한 업무배치에서 제외된다. 직장에서는 엘리트, 핵심사원이 되기 어렵다. 친구 사이에서는 은근한 따돌림의 대상이 된다.

* * *

신뢰감 부족은 치명적인 단점이다. 사회생활과 인간관계에서 자신을 평가절하시키는 중대한 약점이다. 남들을 향해 '믿을 놈이 없다'라고 하기 전에 자기가 자신을 믿을 수 있도록 스스로 믿게 행동하는 자세가 중요하다.

앞에서 지적한 공통점들을 보면 모두 자신의 노력으로 얼마든지 개선할 수 있는 것들이다. 부모의 귀여움을 받아 별다른 꾸중이 없었고 친구들로부터 그저 가벼운 핀잔 정도를 듣다보면 자기도 모르게 그릇된 습관들이 굳어진다. 그러면서 신뢰감 부족이 서서히 자신의 성격으로 자리 잡게 된다. 굳게 결심하고 결단력 있게 고쳐나가지 않으면 안 되는 좋지 않은 습관이다. 그 첫 단계는 자신의 말과 행동이 일치하도록 노력하는 것이다.

정면승부하라

야구경기에서 '정면승부'라는 표현을 자주 쓴다. 투수와 타자가 당당하게 맞섰을 때 하는 말이다. 투수와 타자는 당연히 당당하게 맞서야 한다. 그런데 정면승부를 피할 때가 있다. 가령 1, 2점차로 승부가 판가름 나는 경기에서 공격하는 팀의 주자가 2루와 3루에 있고 1루가 비어 있을 경우, 타석에 들어선 타자가 아주 잘치고 있는 강타자라면 정면승부를 피해 고의로 볼넷을 던져 내보내고 다음 타자와 상대한다.

물론 그러다가 안타를 맞기도 하지만 확률적으로 현명한 작전이다. 태풍이나 풍랑을 무릅쓰고 어부가 바다에 나간다면 정면승부라고 할 수 있지만 무모하고 위험천만한 일이다. 결코 올바른 판단이 아니다.

인생을 살다보면 수많은 고난, 갈등과 맞부딪친다. 정면승부해야 할 것도 있고 일단 회피하는 것이 현명할 때도 있다. 나이가 들고 인생의 경험이 많다보면 상황에 따라 적절하게 대처한다.

20대는 인생을 시작하는 시기라고 할 수 있지만 그들 나름으로, 또 환경이나 상황에 따라 갖가지 갈등과 고뇌를 겪게 된다. 가정불화, 부모와의 갈등 현실과의 갈등 장래진로문제, 취업문제, 경제적인 문제, 외모, 비만 등 자신의 신체나 건강문제, 친구와의 갈등 이성과의 갈등….

따져보면 수없이 많은 문제들이 있고 또 끊임없이 새로운 갈등이 나타나기도 한다.

그럴 때마다 어찌할 것인가, 결정을 내리거나 선택을 해야 한다. 정면승부를 해야 할 상황도 있고 일단은 회피하는 것이 좋은 상황도 있다. 또는 소극적으로 대응하거나 억지로 무시할 일도 있다.

그런가 하면 선택과 판단이 필요할 때, 우물쭈물 아무런 결정도 내리지 못하고 자꾸 시간을 흘려보내는 사람도 있다. 또는 곤경에 부딪쳐 대응할 생각보다 자신의 처지를 한탄하는 젊은이들도 있다.

"나는 왜 이렇게 복이 없지?"

"나는 왜 이렇게 운이 없지?"

"나는 왜 이렇게 되는 일이 없지?"

"나는 왜 이렇게 가난하게 태어났지?"

다급한 상황을 해결하기보다 그렇게 자신의 처지를 한탄하는 동안 시간에 의해 저절로 해결될 때도 있지만 상황이 더욱 악화될 때가 많다.

✱✱✱

어떤 선택이나 반드시 결정해야 할 상황에 대처하는 방법 역시 습관이다. 상황을 회피하려는 사람은 언제나 회피하려 하고, 아무런 결정도 못 내리거나 우물쭈물 자꾸 뒤로 미루는 사람은 어떤 상황에서든지 똑같이 우물쭈물한다

"시간이 해결해주겠지."

"지금 어쩔 수 없잖아? 내버려두면 저절로 해결되겠지."

이렇게 생각하는 사람들은 언제나 그렇게 타이밍을 놓쳐버리고 만다. 그런 사람들은 가끔 낙천적이라는 얘기를 듣지만 결코 낙천적이거나 낙관적이 아니다. 무책임한 회피이며 남에게 피해를 주는 경우가 많으며 의지가 약한 인간으로 낙인찍히기 쉽다. 아울러 그것은 자신의 습관이 돼서 적극적인 인간, 태도가 분명한 인간이 되지 못한 채 어느덧 자신의 성격으로 자리 잡는다.

20대에는 자기 앞에 나타나는 여러 상황들에 대해서 정면승부할 필요가 있다. 철저하게 약속을 지키고, 약속을 지키지 못할 사정이 되면 당사자에게 분명하게 그럴 만한 사정을 알리고, 연인과 오해나 갈등이 생긴다면 휴대폰 문자나 메일을 보내기보다 어떡해서든지 만나서 대화로 풀어야 한다.

절대 만남을 두려워해서는 안 된다. 만나야 할 사람을 회피해서는 안 된다. 두려워서 못 만나고, 귀찮아서 피하고, 설득할 자신이 없어서 회피하고… 이렇게 소극적인 태도를 가지면 그것이 습관이 돼서 마침내

진짜 소극적인 인간이 되고 만다.

이를테면 빚쟁이라도 회피하지 말고 약속날짜에 꼭 만나야 한다. 돈을 마련하지 못해서, 빚을 갚을 뚜렷한 대책이 없어서, 할 말이 없어서…. 여러 이유 때문에 전화조차 받지 않거나, 숨어버리거나, 거짓말을 하면 사태를 점점 악화시키고 상대방을 화나게 해서 더욱 궁지에 몰리게 된다. 어떠한 상황에서든 당사자를 직접 만나서 마주 보고 앉아 솔직하게 자기의 사정을 설명하는 것보다 좋은 방법은 없다. 그것이 정면승부다.

✱ ✱ ✱

현대는 SNS, 즉 소셜 네트워크에 의해 인간관계가 퇴화되고 있는 시대라고 말한다. 얼핏 무척 신속하고 편리한 시스템이 있는데 굳이 시간과 비용을 낭비하며 사람을 직접 만나야 할 필요가 있냐고 생각하기 쉽지만 천만의 말씀이다.

SNS, 휴대폰 문자, 메일 등에는 감정이 없다. 상대방의 생각과 상관없이 일방적으로 자신의 의사를 전달할 뿐이다. 보내는 사람의 깊은 속마음이나 당시의 감정은 정확히 알 수 없다. 인간관계는 만남을 통해 서로 대화할 때 올바르게 형성된다.

마주보며 웃기도 하고 화를 내기도 하고, 농담처럼 말하기도 하고, 진지하게 말하기도 하고, 상대의 말을 듣고 오해를 풀기도 하고, 공감과 이해를 하고, 또 자신의 솔직한 감정을 정확하게 전달하는 과정을 통해서 서로 소통하며 정을 나누면서 끈끈한 인간관계를 형성하는 것이다. SNS, 문자, 메일 등은 공지사항, 업무사항과 같은 감정이 필요 없는 객관적 사실의 전달에 적합할 뿐이다.

예컨대, 15일까지 부채를 반드시 갚아야 할 채무자가 채권자에게 '부채상환을 30일까지 연기합니다' 하고 일방적으로 문자를 보냈다고 치자. 그리고 전화조차 꺼놓았다고 치자. 자기는 분명하게 의사를 전달했다고 생각할 수 있겠지만, 그건 어디까지나 일방적인 자기생각이다.

일방적인 문자를 받은 채권자는 당장 몹시 화가 난다. 전화까지 안 되면 울화가 치민다. 채권자는 나름대로 그 돈을 받아 활용할 계획을 세워놓고 있는데 그 계획이 무너지니 감정이 격앙될 수밖에 없다. 당장 입에서 욕이 나간다. 두 사람의 인간관계는 완전히 파괴된다.

그와 달리, 부채를 상환하기로 약속한 날, 직접 찾아가서 또는 전화로 약속을 지키지 못하게 된 피치 못할 사정을 하소연했다고 치자. 채권자는 기분이 언짢아 싫은 소리를 하고 화를 내며 자기계획이 뒤틀린 불만을 털어 놓을 것이다.

하지만 채권자는 그런 과정에서 어느 정도 격앙된 감정을 해소하게 된다. 그리고 헤어질 때는 "그럼 30일에는 꼭 갚아야 돼"라고 말할 것이다. 또는 웃으며 "야, 너는 왜 그렇게 신용이 없냐"고 할 것이다. 격앙된 감정이 많이 누그러진 것이다. 두 사람의 인간관계는 변함없이 유지되는 것이다. 30일까지는 아무런 재촉도 하지 않을 것이다. 사소한 것 같지만 이러한 것이 정면돌파다.

곤란한 상황, 고난이나 역경, 장애 등을 회피하기 시작하면 그것이 습관이 된다. 20대는 용기와 배짱이 있어야 할 뿐 아니라 어떤 어려움과도 과감히 맞서 정면돌파하려는 과감성과 결단력을 가져야 한다. 그것이 20대가 성공을 이르기까지 겪게 될 숱한 실패와 역경들과 맞설 수 있는 습관의 힘이다.

끈기를 길러라

동물들은 저마다의 특성이 있다. 포식동물 치타는 동물 중에서 가장 빠르다. 그러나 전 속력으로는 몇 백 미터밖에 달리지 못하는 단거리 선수다. 짧은 거리에서 먹잇감을 잡지 못하면 포기한다. 더 이상 전 속력으로 달리면 체온이 급상승하고 심장박동이 한계를 넘어서 자기가 죽게 된다.

사자나 표범은 그다지 빠르지 못하다. 포복자세로 되도록 사냥감에 가까이 접근해서 기습하는 전략을 쓴다. 사자는 무리가 힘을 합쳐 합동작전을 펼치기도 한다. 비교적 덩치가 작은 들개나 늑대도 합동작전으로 큰 먹잇감을 잡는다.

그런데 들개나 늑대는 치타와는 달리 마라톤 선수들이다. 무리가 떼를 지어 도망치는 먹잇감을 끈질기게 뒤쫓는다. 몇 킬로미터라도 뒤쫓아 마침내 도망치다 지친 동물을 사냥한다. 지구력이 아주 뛰어난 동물들이다.

그럼 우리 인간은 어떤가? 초기인류는 수렵채집이 생활수단이었다. 대체적으로 열매 따위를 채집해서 많이 먹었지만 단백질 보충을 위해 사냥도 필수였다. 하지만 인류는 두 발로 걸었기 때문에 네 발 동물보다 빠르지 못했다. 그들의 속도로는 사냥할 동물을 도저히 따라잡을 수 없었다. 결국 우리 인류도 지구력을 선택하는 쪽으로 진화했다. 먹잇감을 한두 시간 추격하는 것이 아니라 흔적을 따라 하루 온종일 밤낮을 가리지 않았고 며칠씩이라도 뒤쫓아 마침내 사냥에 성공했다.

다시 말하면 인류는 가장 지구력이 뛰어난 동물이었으며, 그 지구력이 인류진화와 발전의 원동력이었다고 많은 진화생물학자들이 말하고 있다. 충분히 공감할 만한 주장이다. 인류는 끈질기게 달리기를 하는 과정에서 땀을 배출하는 효과적인 체온조절 시스템을 갖게 됐고, 땀샘의 발달이 온몸의 털을 사라지게 했다. 우리 피부가 매끈한 것은 그 덕분이다. 또한 지구력은 온갖 가혹한 환경과 기후를 무릅쓰고 이동을 거듭할 수 있게 했다. 아프리카에서 기원한 우리 인류가 마침내 지구 방방곡곡으로 퍼질 수 있었던 것도 지구력 덕분이었다.

❋❋❋

지구력을 우리말로 하면 '끈기'다. 동물들은 순간적으로 어느 한 가지에 집중하고 집요함을 보이기도 하지만 곧 관심을 돌린다. 끈기가 없기 때문이다. 그러나 인간은 자신이 추구하는 것을 몇 시간씩 또는 몇 년, 수십 년, 평생 동안 집요하게 매달리기도 한다. 바로 끈기가 있기 때문이다. 그리하여 마침내 무엇인가 이루어내고 성공한다. 쉬운 예로 과학의 꾸준한 연구가 그것이다.

옛말에 '열 가지 재주 가진 사람이 밥 굶는다'라는 속담이 있다. 여러 가지 재주가 있는 사람은 한 가지에 집중하거나 집요하고 끈기 있게 파고들지 못하고 곧 다른 일로 바꾸기를 되풀이하기 때문에 결국 아무것도 이루지 못하는 것을 경고하는 말이다.

윗사람이나 어른들이 젊은이들한테 하는 충고 가운데 "넌 끈기가 부족해" "끈기를 좀 배워라"할 때가 있다. 끈기가 부족해서 무엇을 끝까지 해내지 못할 경우에 꾸중하는 말이다. '끈기를 배워라' 하는 것은 끈기는 자신의 노력으로 얼마든지 체질화 할 수 있다는 뜻이다. 바꿔 말하면 끈기는 습관이며 누구라도 습관화시킬 수 있다는 얘기다.

＊＊＊

흔히 요즘 젊은이들은 끈기가 없다고 한다. 무엇 하나 오래 집중하지 못하고, 툭하면 직장을 그만두거나 자주 전직하고, 사소한 실패에도 좌절하고, 조그만 고통과 고난도 견뎌내지 못하고 낙담한다. 심지어 그로 말미암아 인생을 포기하거나 자살이라는 극단적인 행동을 하기도 한다. 끈기가 부족한 탓이다.

원인은 여러 가지가 있겠지만 역시 어려서부터 부모의 과잉보호 아래 아무런 어려움도 겪어보지 못한 탓이 크다. 좋은 장난감에도 쉽게 싫증을 내고 조금의 지루함도 참지 못했다. 고통스러운 일, 안 되는 것, 고통, 역경 같은 것들이 전혀 없었다. 모두 부모가 해결해 주었다. 그렇게 성장하는 과정에서 자립심이 완전히 실종됐고 작은 고난에 부딪쳐도 너무 쉽게 좌절하고 포기하는 습성이 체질화되고 말았다. 성장과정에서 끈기를 익히고 숙달시킬 기회가 전혀 없었던 것이다.

요즘 20대는 변화를 좋아한다. 하루아침에 신데렐라가 되고, 인기스타가 되고, 뜻밖의 횡재와 행운을 기대하고, 페이스북의 마크 주커버그처럼 기막힌 아이디어로 하루아침에 세계최고의 부자가 되기를 꿈꾼다. 말하자면 아무런 노력도 하지 않으면서 자신에게 갑자기 획기적인 변화가 일어나기를 기대하는 것이다. 너무나 큰 착각이다.

화려한 아이돌 스타가 되기까지 얼마나 긴 세월동안 피나는 훈련과정이 있었는지는 전혀 생각하지 않는 것이다. 피겨스타 김연아 선수의 화려한 모습만 생각할 뿐 초등학교 4학년 때부터 피눈물 나는 훈련이 있었다는 것을 모르는 것과 같다.

마크 주커버그, 빌 게이츠, 스티브 잡스, 이들은 20대에 큰 성공을 거두었지만 로또복권 당첨되듯 아무런 노력 없이 일확천금을 거머쥔 것이 아니다. 재능도 뛰어났지만 일찍부터 자신이 추구하는 분야에 집요하고 끈기 있게 매달렸던 결과라는 것을 알아야 한다. 얼핏 변화와 끈기는 전혀 다른 개념인 것 같지만 결코 그렇지 않다. 변화는 끈기 있는 노력의 결과인 것이다.

위인이나 성공한 사람들은 한결같이 '실패는 성공의 어머니다' '실패도 성공의 한 가지 요소다' '실패 없는 성공은 없다' 등등의 말을 남겼다. 단 한 번의 실패 없이 성공한다면 얼마나 좋겠는가? 하지만 성공은 그처럼 쉽게 오는 것이 아니다. 숱한 고난과 역경을 극복해야 하고 실패와 시행착오를 거듭해야 비로소 얻어지는 것이다. 그런 과정에서 좌절하거나 방향을 자주 바꾸거나 포기하면 성공을 거둘 수 없다. 고난과 역경, 시행착오, 실패에도 흔들리지 않고 견딜 수 있게 하는 힘이 바로 끈기다. 다시 말하면 끈기가 없으면 성공도 없다.

끈기는 노력으로 습관화할 수 있다. 끈기를 타고나는 사람도 있지만 자신의 노력으로 얼마든지 끈기 있는 사람이 될 수 있다. 끈기야말로 대표적으로 성공하는 습관이다.

이끌어주는 선배를 옆에 두라

우리나라가 동방예의지국이며 경로사상이 투철하다지만 어느 시대나 젊은이들은 기성세대, 특히 노인들을 좋아하지 않는다. 문화가 전혀 다르고 사고방식이 다르고 정서가 다를 뿐 아니라 구태의연한 훈계가 많다고 생각하기 때문이다.

젊은이들을 이해하기보다 이것저것 꾸짖고 별로 설득력이 없는 잔소리나 늘어놓으며 똑같은 소리를 몇 번이나 되풀이하기 십상이어서 되도록 노인들을 외면하고 무시해 버리려고 한다.

피할 수 없는 나이 많은 윗사람, 이를테면 자기 할아버지, 할머니, 부모, 선생님, 직장이나 군대의 상사 등을 가리켜 '꼰대'라며 은근히 무시하고 경멸하기도 한다. 될 수 있으면 부모와도 같이 안 살려고 한다. 하지만 인간의 수명이 점점 길어지면서 늙은이, 꼰대들을 피할 수 없다.

가정은 물론이고 어디를 가거나 노인들이 넘쳐난다.

　우리나라도 요즘 '100세 시대'라고 한다. 평균수명이 80세에 이른다. 이처럼 인간이 오래 사는 것은 우리나라만의 현상은 아니다. 세계적인 추세다. 그렇다면 인간의 수명은 왜 자꾸 길어지는 걸까? 의료수준이 높아지고, 충분한 영양섭취, 건강에 관심을 기울이는 생활습관 등 여러 가지 근인近因들이 있겠지만 근본적으로는 인류진화의 산물이다.

　보편적으로 동물들의 평균수명은 몸집크기에 비례한다. 따라서 파리, 모기의 자연수명과 코끼리의 수명에는 큰 차이가 있다. 그런데 인간은 다른 동물과 비교할 때 신체크기에 비해 훨씬 오래 산다. 그 이유가 뭘까?

　인류의 수명이 처음부터 길었던 것은 아니다. 몇 백만 년 전의 초기 인류는 몸집크기에 걸 맞는 30세 정도였다. 그 뒤 차츰 수명이 길어졌지만 평균 60세에 이른 것은 불과 약 150년 전이었다. 그 때문에 옛날에는 60세 넘게 살면 큰 복이었고, 만 60세가 되는 환갑에는 큰 잔치를 치르기도 했다.

　인류는 만물의 영장이라고 할 만큼 가장 지적능력이 뛰어난 동물이지만 먼 옛날 뿔뿔이 흩어져 드넓은 초원에서 무리지어 야생으로 살아갈 때 무엇보다 경험 많은 인물이 필요했다.

　어느 쪽으로 가야 먹거리가 많고, 어느 쪽으로 가면 위험한지 오래 산 사람의 축적된 경험이 필요했다.

　따라서 인류의 수명이 점점 길어지며 노인이 생겨났다. 젊은 무리는 기력이 떨어진 노인들에게 먹거리를 제공하고 부양하며 그들로부터 경험과 지식을 배웠다. 나이가 들수록 잔소리가 많아지고 이것저것 지시하는 일이 많아지는 것, 젊은이들의 행동을 못마땅하게 생각하는 것 등이 바로 그러한 유전적 본능 때문이다.

문명에 때 묻지 않은 아프리카나 오지의 원주민들이 지금도 노인을 공경하며 그들의 지시에 복종하는 것도 노인들의 경험과 지식을 절대적으로 필요하게 한 유전적 본능이 이어져 오기 때문이다.

✳✳✳

근래에 이르러 문명과 문화가 눈부시게 발달하고 발전하면서 젊은이들이 경험이나 지식, 정보를 얻는 방법이 무척 다양해졌다. 삶에 필요한 정보와 지식을 기록으로 남긴 책과 매스 미디어, 인터넷 등 다양한 방법으로 온갖 최신의 지식과 정보를 얻을 수 있게 됐다.

노인들이 입으로 전하는 지식과 정보는 이미 낡은 것이어서 별 효용가치가 없을 지경이다.

뿐만 아니라 놀라운 속도로 발전하는 문화의 변화와 이동은 세대 간의 격차를 더욱 뚜렷하게 만들고 있다. 또한 새로운 세대들의 의식변화는 예절이나 도덕 따위에 관심을 기울이지 않고 개인주의 성향이 만연하다. 그러면서 노인들이 갖고 있는 갖가지 체험적 노하우는 시대에 맞지 않는 진부하고 고리타분한 뜬금없는 소리가 되고 있으며, 예절이나 도덕에 대한 질책도 피부에 와 닿지 않는다.

그렇더라도 우리나라는 아직 장유유서와 나이에 따른 서열의식이 강한 유교적 정서를 가지고 있다. 노인을 존중하는 것은 질서를 지키는 것이다. 아울러 아무리 급변하는 문화와 정보홍수시대에 살고 있다고 하더라도 삶의 체험이 풍부한 노인들의 충고는 귀담아 들을 필요가 있다.

'개똥도 약에 쓸 데가 있다'는 우리 옛 속담이 있지 않은가. 노인이나 자기보다 윗사람, 나이 많은 사람을 '꼰대'라고 무시하고 스스로 단절하려 하지 말고, 때로는 그들을 존중하고 그들의 얘기에 진심으로 귀를 기울이는 것도 삶의 지혜다. 그것은 아주 작은 노력으로도 얼마든지 생활습관이 될 수 있다.

무조건 움직여라

살아있는 모든 동물은 움직인다. 먹이를 찾기 위해 거의 온종일 움직인다. 우리의 조상인 원시인류도 먹이를 찾아 온종일 움직이며 이동했다. 우리의 몸에는 그 아주 먼 조상들의 DNA가 여전히 남아있다. 현생인류인 우리도 움직여야 살 수 있다. 늙을수록 움직임이 적어지다가 마침내 죽는 것이 동물이다.

현대인들에게 각종 암을 비롯해 예전에 없었던 수많은 성인병들이 크게 늘어나는 까닭도 섭생과 부족한 움직임 때문이라고 많은 전문가들이 말한다. 말하자면 타고난 우리의 몸이나 유전적으로 물려받은 DNA는 다른 동물들처럼 수만 년에 걸쳐 조금씩 변이를 일으키는 자연의 진화속도에 맞춰져 있다.

그런데 현대인류는 스스로 창조해낸 문명으로 말미암아 각종 화학물질, 독성물질들로 범벅이 된 합성식품을 먹고, 자동차 등의 교통수단을 만들어내 움직임을 최소화했다.

다시 말해 자연의 진화속도를 견지하고 있는 우리의 몸이 문명이 가져 온 급속한 생활변화에 적응을 하지 못하고 있는 것이 수많은 질병으로 나타나고 있다는 얘기다. 심각한 부조화와 불균형은 당연히 몸에 이상을 가져오고 그 이상異常이 곧 질병이라는 얘기다. 따라서 석기시대의 원시인과 같은 생활로 돌아가자는 운동도 벌어지고 있다. 즉 정제되고 온갖 혼합물로 조리된 현대의 음식보다 자연친화적인 거친 음식을 먹고 많이 움직이자는 것이다.

***

젊은이, 특히 20대에는 무조건 많이 움직이라는 것은 반드시 진화적 관점에서만 강조하는 게 아니다. 20대는 신체적 에너지가 가장 왕성한 시기여서 굳이 강조하지 않더라도 어느 세대보다 많이 움직인다. 속된 표현으로 가만히 있으면 좀이 쑤셔서 견디지 못하는 것이 20대다.

학교나 직장에 나가고, 친구를 만나고, 데이트를 하고, 운동과 취미생활을 하고, 자신이 추구하는 것에 매달리고, 특별히 움직일 일이 없을 때는 혼자서 영화나 공연을 찾아가는 것이 20대다.

그러나 앞서 '노동하는 인간'에서도 지적했지만 움직이지 않는 20대가 점점 크게 늘어나고 있는 현상이 요즘 심각한 문제로 제기되고 있다. 그 어느 시기보다도 지적 호기심과 탐구심이 강하고 활동적이며 도전

의욕이 강한 20대들이 왜 잘 움직이지 않는 것일까? 왜 방안에만 틀어박혀 있는 20대들이 크게 늘어나고 있는 걸까? 그 원인은 여러 가지가 있을 것이다.

지난날과 달리, 갖가지 편리한 문명의 이기가 있어서 굳이 움직이지 않아도 지적욕구를 충족하고 외부와 소통할 수 있다는 것도 큰 원인일 것이다.

인터넷, SNS, 스마트폰 등으로 지식과 정보를 충분히 습득하고, 자유롭게 자신의 의사를 외부에 표현하고 뜻을 같이하는 사람들과 뭉칠 수 있으며 의식을 공유할 수 있다. 또한 이른바 '야동'과 같은 것으로 성적 욕구도 어느 정도 해소할 수 있으며 컴퓨터 게임을 통해 혼자서도 얼마든지 긴장되고 짜릿한 시간을 즐길 수 있다. 인터넷 도박까지 있다. 움직이지 않아도 거의 모든 문제들을 해결할 수 있으니 굳이 움직이려 하지 않는 것이다.

뿐만 아니라 지금의 20대들은 성장과정에서 의존심, 의타심이 체질화된 잘못도 있다. 대부분 어려서부터 과잉보호 아래 부모가 모든 것을 다 해결해 주었다.

오직 공부만 열심히 한다면 원하는 것은 부모가 모두 구해주고 해결해 주었으며 가야할 곳, 가고 싶은 곳은 부모가 차에 태워 데리고 갔다.

따라서 부모가 곁에 없거나 부모가 도와주지 않으면 아무것도 해결할 수 없는 '어덜트 키드', 즉 어른아이가 되어버린 20대들이 적지 않다. 그들은 무엇인가 자기 의지대로, 자기 스스로 해결하는 데 익숙지 않다.

그들에게는 자기 스스로 움직인다는 것은 무척 부담스럽고 귀찮은 일이 된다.

✳ ✳ ✳

다음 경제적인 문제도 빼놓을 수 없다. 요즘 도시화된 시대에 움직이는 데는 하나부터 열까지 모두 돈이 뒤따른다. 교통비, 식음료대, 입장료, 관람료 등등 집을 나서 돌아올 때까지 모두 돈이 들어간다. 연인을 만난다거나 친구들과 만나게 되면 2차, 3차로 이어지면서 더 많은 돈이 들어간다. 더욱이 학생이나 취업을 못하고 있는 20대 백수라면 솔직히 경제적 부담 때문에 마음껏 움직이기 어렵다.

백수가 아니더라도 경제적 부담 때문에 집과 일터만 오가는 20대, 30대가 아주 많다. 최근 '청년 유니온'이라는 단체의 설문조사에 따르면, 월수입이 평균 100만~50만 원정도인 청년층은 수입의 절반이상을 주거와 식비, 교통비 등으로 지출하며 문화생활이나 자기계발은 꿈도 못 꾸고 오직 집과 일터만 오가는 경우가 대부분인 것으로 나타났다.

✳ ✳ ✳

현실이 그렇더라도 20대는 무조건 많이 움직여야 한다. 그리하여 경험과 체험을 쌓아나가고 견문을 넓히고 몸으로 부딪쳐 지식과 정보를 얻어내야 한다. 강연회, 전시회, 행사장, 설명회 등은 물론, 문화센터, 박물관, 전시장 같은 역사와 문화의 현장을 부지런히 찾아 다녀야 한다.

자신의 목표와 관련된 행사는 빼놓지 말아야 한다. 또한 20대가 아니면 마음껏 여행하기 힘들다. 경비가 부족하면 건강한 몸으로 배낭여행 등 국내외 여행을 많이 할수록 좋다.

'알바'도 20대에 빼놓을 수 없는 소중한 체험이다. 자신의 노력으로 용돈과 목표를 이루는 데 필요한 경비를 마련할 수 있을 뿐 아니라, 노동의 가치와 노동을 통한 현실체험은 앞으로 스스로의 자립은 물론, 고난과 역경을 극복하는 데 큰 밑거름이 된다.

20대에 자기개발만큼 중요한 것은 없다. 자격증을 많이 따고 꼭 스펙을 위해서가 아니라 바람직한 취미를 갖고 학교에서 미처 배우지 못했던 갖가지 특기들과 인격수양, 전문지식 습득을 위해 각종 학원이나 아카데미, 평생학습원, 강습회 등을 통해 끊임없이 자신을 계발해 나가야 한다. 그것은 또 자신과 같은 취향을 가진 사람들, 같은 목표를 가진 사람들과 교류하며 인간관계를 넓혀 나가는 계기를 마련해 준다.

무조건 많이 움직인다는 것은 20대의 장점이기도 하며, 몸으로 직접 부딪쳐 체험하는 실수와 시행착오들도 인생의 좋은 약이 된다.

되도록 컴퓨터에서 많이 떨어져라. 20대에는 움직인다는 것이 생활습관이 되도록 길들여 나가야 한다.

'움직이지 않으면 아무 일도 일어나지 않는다.'

섣불리 마무리하면 손해다

　어린이나 초·중학교 학생들은 남녀를 불문하고 또래의 친구들과 곧잘 싸운다. 싸움의 원인은 아주 사소한 일이거나 오해가 많다. 하지만 가벼운 말다툼에도 쉽게 삐치고 "너하고 안 놀아" "너하고 다시는 안 만날 거야" 하며 단호한 태도를 보이며 '다시는…' '마지막'과 같은 극단적인 표현을 서슴없이 말한다. 그러고 나서 며칠 지나면 언제 그런 일이 있었냐는 듯이 다시 어울리는 것이 어린이, 청소년들이다.

　그러나 20대는 다르다. 20대는 성인이다. 자신의 말과 행동에 책임질 줄 알아야 한다. 그런데 어린이, 청소년 시절의 습관이 그대로 이어져서 극단적인 말과 행동을 하는 20대들이 많다. 사려 깊지 못한 탓이다.

✱✱✱

　청소년도 그렇지만 20대 친구나 또래들과의 갈등은 대개 아주 사소한 문제나 오해에서 비롯된다. 누가 자기를 헐뜯고 다닌다든지, 누가 앞장 서서 자기를 따돌리려 한다든지, 자신의 사소한 비행을 교수나 직장 상사에게 고자질했다든지 그러한 것들이다. 하지만 20대는 청소년처럼 여전히 삶의 폭이 그다지 넓지 못하기 때문에 사소한 갈등도 자신들에게는 제법 큰 이슈가 된다.

　크든 작든 갈등이 생겨나면 처음에는 대개 당사자들이 만나서 말싸움을 벌인다. 서로 양보 없이 자기주장만 내세우기 때문에 당장 화해하기 힘들고 상대방의 입장을 이해하고 오해를 풀기 어렵다. 결국 감정만 더 격화된 채 헤어지는데 거기서 끝나는 게 아니다.

　e메일, 휴대폰 문자 등을 통해 끈질기게 상대를 비난한다. 여자들의 경우, 심하면 하룻밤에 수십 통의 문자를 보내기도 한다.

　문자는 그 형식상 일방적인 자기주장일 수밖에 없다. 상대방도 마찬가지다. 수십 통씩 자기감정만 담긴 일방적인 문자를 주고받다 보면 사소한 갈등은 크게 확대되고 대수롭지 않은 오해가 진실로 탈바꿈하며 서로 극단적으로 흘러가게 된다. 그리하여 막판에는 "너하고는 영원히 마지막이니까 문자 보내지 마" "이제 넌 영원히 관심 없어"로 마감을 하게 된다. 말하자면 끝까지 가는 것이다. 마침내 서로 원수의 지경에 이르는 것이다.

　물론 그 뒤에도 문자나 메일을 보내 계속 비난하고 비아냥거려 감정을 극도로 악화시키는 경우도 있지만, 그 다음에는 제각기 주변의 친구들에게 상대를 비난하며 자기편으로 만들려고 한다. 친구들이 동조하기도 하지만 대부분 무척 난처해 한다. 그 때문에 친구나 동료 사이가 서로 어색해지고 서로 편이 나뉘게 된다. 더욱이 청소년이나 20대가 '마지막'이라는 극단성을 드러내면 성적비관, 폭력과 왕따의 시달림, 실연, 현실부적응 등으로 너무 쉽게 자살을 선택한다. 도저히 있어서는 안 될 극단적인 선택이다.

✽ ✽ ✽

20대의 가장 심각한 갈등은 이성문제와 동업문제 같은 것이다. 먼저 이성문제는 본능을 자극하는 것이어서 상식에서 벗어나는 행동을 하기 쉽다.

갈등의 핵심은 크게 두 가지다. 하나는 연인관계에서 어느 한쪽이 배신하거나 상대의 의사와 관계없이 짝사랑하는 경우다. 또 하나는 연인 사이에 제3자가 끼어들어 삼각관계를 형성하거나 어느 한쪽의 이성관계가 복잡한 경우다. 우리들 부모세대에는 실연도 사랑의 한 과정이라며 혼자서 눈물을 흘렸다지만 요즘 20대는 그렇지 않다.

어려서부터 참을성을 습관화하지 못했기 때문에 자신에게 절대적인 가치였던 연인으로부터 배신을 당했을 때는 분노와 배신감, 증오심을 견디지 못한다. 더욱이 질투심과 시기심까지 유발되면 이성을 잃고 만다. 때때로 그것은 보복, 복수와 같은 극단적이고 끔찍한 범죄행위로 이어져 자신을 파멸시킨다.

짝사랑, 외사랑도 그렇다. 자신이 아무리 좋아하더라도 상대가 싫어하면 단념할 줄도 알아야 하는데, 역시 어려서부터 부모의 과잉보호로 자기가 원하는 것은 무엇이든 얻었으며 좌절을 모르고 성장했기 때문에 단념할 줄 모른다. 따라서 스토킹을 하거나 강압적인 수단으로 이성을 손에 넣으려고 한다. 그조차 뜻대로 되지 않으면 흉기를 휘두르는 등 극단적인 행동을 서슴지 않는다.

동업문제도 그렇다. 친구나 동료와의 동업同業은 자본, 자산과 장래가 걸린 경제적인 문제로 무척 민감한 현실이다. 처음에 서로 뜻이 맞아 의욕적으로 출발했지만 사업에는 항상 고난과 역경이 뒤따르기 마련이다. 불현듯 위기를 맞게 되면 서로 상대를 탓하게 되고 그동안의 허물과 불만을 한꺼번에 들춰내고, 대응책을 놓고 의견과 주장이 엇갈려 갈등을 빚어낸다. 사업이 잘되더라도 이익배분을 놓고 큰 갈등을 겪는 경우도 흔하다.

서로 동업자를 존중하고 배려하면서 힘을 합쳐야 하는데 위기가 커질수록 갈등도 커지고 급기야는 서로 주먹다툼, 심지어 칼부림까지 벌이기도 한다. 사업은 풍비박산이 나고 서로 원수가 된다. 모두 경제적으로나 정신적으로 큰 피해와 상처를 입는 것이다.

✳ ✳ ✳

우리가 잘 아는 중국의 〈삼국지〉나 〈초한지〉를 보라. 촉나라의 유비는 황족이지만 돗자리 장수를 하던 별 볼 일 없는 인물이다. 제갈량이나 관우, 장비에 비해 지략이나 용맹성이 모두 떨어지지만 그들을 잘 다스려 성공한 군주가 되었다. 한나라의 유방도 마찬가지다. 그 역시 뛰어난 인물이 아니었지만 명장 한신, 지략가 소하, 범중 등의 절대적인 도움을 얻어 천하를 통일할 수 있었다.

유비나 유방이 세기의 영웅, 지략가 위에 군림할 수 있었던 힘은 무엇인가? 그것은 덕성德性, 즉 관용과 포용력이 있었기 때문이다.『로마인이야기』를 쓴 시오노 나나미는 고대 로마제국이 번성할 수 있었던 것은 이민족, 침략자들에 대한 관용이 있었기 때문이라고 말했다. 모름지기 인간은 너그러워야 한다. 너그러워서 손해 볼 일은 없다. 냉정하게 판단해서 자신이 성격적으로 편협하다면 의식적, 의도적이라도 '너그러움'을 길러나가야 한다.

살다보면 마지막이라는 폭언으로 등을 지고, 극단적인 행동으로 원수처럼 지내는 친구나 동료의 도움이 절대적으로 필요할 때가 자주 있다. '원수는 외나무다리에서 만난다'고 언젠가 절박한 상황에서 그야말로 원수와 맞대면을 해야 할 때가 얼마든지 있다. 내가 도움을 필요로 하는 약자의 입장일 때 어찌할 것인가?

인간관계에서 마지막은 없다. 이별이 새로운 시작이듯 그 마지막이 새로운 출발점이 될 수 있다. 상대를 결코 궁지에 몰아넣지 말아야 한다. 언제나 내가 먼저 양보하고 너그러움을 가져야 한다. 그것 역시 습관에서 출발한다.

목표를 세우는 연습을 익혀라

어린이들도 잘 알고 있는 '토끼와 거북이' 우화가 있다.

토끼와 거북이가 거리를 정해 놓고 경주를 했는데 느림보 거북이가 이겼다는 우화다. 발 빠른 토끼는 거북이보다 엄청나게 앞서 가자 달리기 도중에 잠시 쉬다가 잠이 들었고 거북이는 그 사이에 꾸준히 달려 마침내 거북이가 먼저 결승점에 도착해서 승리했다는 얘기다.

이 우화가 널리 알려진 이유는 교훈을 주기 때문이다. 어른들은 이 우화를 통해 어린이들에게 무엇이든 쉬지 않고 꾸준히 하면 남보다 먼저 성공할 수 있다고 교훈을 전한다. 또는 자신이 남들보다 앞섰다고 자만하다가는 오히려 뒤떨어질 수 있다고 가르친다. 물론 모두 우화의 주제에 맞는 말이다.

그러나 성인에게도 충분히 교훈을 준다. 물론 우화지만 발 빠른 토끼가 왜 느림보 거북이에게 졌을까? 이유는 간단하다. 토끼는 '상대'를 봤고 거북이는 '목표'를 봤기 때문이다. 특히 20대에게는 더 없이 훌륭한 교훈이다.

✼✼✼

잘 알다시피 우리나라의 교육은 성적위주, 입시위주의 교육이다. 마치 서바이벌 게임과 같다. 초등학교 때부터 치열한 경쟁을 통해 승자를 골라내는 식의 교육이다. 계속해서 상대를 이겨야 희망하는 대학, 좋은 대학에 갈 수 있다. 사교육이 공교육을 완전히 질식시키고 있는 것도 그 까닭이다.

어려서부터 부모들은 자녀에게 상대를 이길 것을 강요한다.

"이번에 아무개가 일등이래. 너는 뭐하는 거니? 언제 아무개를 이길 수 있겠어?"

"너는 어떻게 항상 아무개한테 뒤떨어지니? 엄마가 창피해서 죽겠다."

어린이들은 이런 말을 고등학교를 마칠 때까지 귀가 닳도록 들어야 한다. 그뿐이 아니다. "엄마 친구 아들은…" "엄마친구 딸은…" 이른바 '엄친아' '엄친딸'이 마치 위인처럼 떠받들어지며 그를 닮기를 강요당한다.

교육제도 자체가 바람직하지 못한 현실에서 자라나는 어린이, 청소년들에게 꿈을 심어주고 자신의 개성이나 특성, 희망에 맞는 목표를 심어주기보다 오직 상대에게 이기도록 강요당하는 것이다. 이처럼 목표를 보지 않고 오직 상대를 노려보는 것은 어느덧 습관이 되고 체질이 돼서 요즘 많은 젊은이들은 원대한 꿈도 목표도 없다. 그러다보니 장래 희망을 물으면 그저 생활이 안정적인 공무원이나 교사가 꿈이라고 서슴없이 말한다.

'남따라 하면 결코 남을 능가할 수 없다'라는 말이 있듯이, 상대만 바라보다가는 상대를 능가할 수 없다. 그는 그의 길이 있고 나는 나의 길이 있는 것이다. 가끔 운동선수들이 자기보다 좀 잘하는 선수를 반드시 이기고 말겠다며 상대를 정해 놓고 그것을 목표로 삼는 경우가 있다. 운동선수로서 그럴 수도 있다.

하지만 더욱 뛰어난 운동선수라면 세계 신기록, 세계 챔피언, 올림픽 금메달을 목표로 삼아야 한다. 자기가 꼭 이기고 싶은 선수가 세계대회에서 10등을 하고 자기가 9등을 했다면 상대를 이겼다고 기뻐할 것인가? 그것에 만족할 것인가?

근시近視가 되어 좁은 시야로 자기 앞이나 가까운 주변만 보며 그들과 경쟁해서는 성공할 수 없다. 상대를 보지 말고 목표를 봐야 한다.

주위에서 누가 뭐라고 하든, 주변의 친구들이 나보다 잘 나가는 것 같아 조바심을 내고 경쟁심을 가질 필요가 없다. 그러다가는 질투, 시기심에 사로잡혀 자기도 모르게 불법, 편법이라는 부당한 행동을 하게 될지 모른다.

오로지 가까이 있는 상대와 경쟁할 생각을 버리고 느리더라도 거북이처럼 목표를 향해 꾸준히 앞으로 나아가야 한다. 그러면 결과적으로 당신이 남보다 훨씬 먼저 목표에 도달할 수 있을 것이다.

　어려서부터 이미 상대만 바라보는 근시안적인 경쟁심리가 습관화되었더라도 자신의 노력으로 얼마든지 고칠 수 있다. 왜냐하면 자신의 마음가짐에 달려있기 때문이다.

세상물정을 알아라

'세상물정'이라는 말이 있다. 다양한 성격을 가진 수많은 사람들이 어울려 돌아가는 우리의 세상은 반드시 교과서의 내용과 같지 않다. 쉽게 말해 이론과 현실에는 큰 차이가 있다는 얘기다.

현실에는 양심과 비양심, 정의와 불의, 상식과 비상식이 뒤섞여 있다. 또한 원칙과 논리와 질서가 무시되고 불합리, 무질서, 속임수, 꼼수, 부정, 비리 등이 판을 친다. 합법과 불법이 난무하고 불법이 요령, 처세, 적응력 등으로 둔갑하기도 한다. 이러한 현실이 바로 '세상물정'이다. 물정物情이란 세상의 형편이나 인심을 일컫는 말이다.

✳✳✳

우리는 흔히 '세상물정이 어둡다' '세상물정이 둔하다'는 등의 말을 자주 쏟다. 지적한 것처럼 세상물정이 바람직한 것은 아니지만, 물정에 어둡고 둔한 것도 역시 바람직하지 못하다. 정직한 사람이 너무 세상물정에 어두워 큰 피해와 손실을 입거나 돌이킬 수 없는 마음의 상처를 입는 경우가 흔하기 때문이다. 사회 체험이 없는 어린이나 청소년은 항상 부모의 보호를 받고 있어서 세상물정의 피해를 입는 경우가 적지만, 부모의 보호를 벗어나 자신의 의지로 판단하고 행동하는 20대의 대학생이나 청년들이 자주 세상물정의 피해자가 된다. 연령적으로 사회경험이 부족해서 아직 세상물정에 어두운 탓이다.

취업난에 허덕이다가 취업사기에 솔깃해서 걸려들었다가 돈을 떼이고, 큰 돈을 벌수 있다는 유혹에 넘어가 다단계에 발을 들여놓았다가 젊음을 망치고, 인터넷 사기에 걸려들고, 용돈이라도 벌려고 힘들게 알바를 하다가 임금을 못 받는 경우가 비일비재하다. 대학등록금 마련이 어려워 멋모르고 사채를 썼다가 몸과 마음에 큰 상처를 입고 비참한 나날을 보내야 하는 대학생들도 적지 않다. 터무니없는 사이비 종교에 빠져 인생의 올바른 궤도에서 벗어나고마는 젊은이들도 있다.

가혹한 세상물정으로 경제적으로나 정신적으로 큰 상처를 입고 나면 그 후유증이 무척 크다. 뿐만 아니라 젊을수록 보복, 복수심이 강해 자신도 불법적이거나 범죄행위로 사회에 복수하려고 한다. 그 정도는 아니더라도 사회에 대한 분노가 강해져 비뚤어지고 빗나간 행동을 하게 되는 경우가 많다. 세상물정의 피해에서 끝나는 것이 아니라 그 상처가 자칫 자신의 인생을 망쳐 놓을 수 있다는 것이다.

✲✲✲

　그렇다고 해서 순수하고 열정적이고 정의롭고 양심적인 20대들이 사회생활의 요령을 터득하고 약삭빨라져야 한다는 얘기는 아니다. 또한 현실의 모든 상황을 모두 의심하라는 얘기도 아니다. 현실과 세상사를 너무 쉽게 믿지 말라는 것이다. 세상은 결코 내 마음과 같지 않다.

　사회경험이 부족할수록 '돌다리도 두들겨 보고 건너라'는 격언을 생활화하는 습관을 길러야 한다. 실수와 시행착오도 좋은 경험이며, 성공으로 가는 과정이라지만 자신이 어수룩해서 냉혹한 세상물정에 큰 피해와 상처를 입고 나면 세상의 아무것도 믿지 못하게 된다. 그야말로 "세상에 믿을 놈은 아무도 없어"라고 한탄하며 겁이 나서 아무것도 할 수 없게 된다.

　그러기보다는 내 앞의 현실과 과감히 부딪치되 돌다리도 두들겨 보듯 신중함을 습관화시켜야 한다는 얘기다. 20대의 실패나 실수, 피해는 거의 대부분 신중하지 못한 경솔한 행동에서 일어난다.

　성적 행동도 그렇다. 20대의 사랑이라는 열정, 성적 욕구, 호기심 등으로 연인사이에 쉽게 성행위를 하고 여성은 신중한 판단 없이 성을 허락한다. 심지어 청소년까지 성에 무척 개방적인 것이 요즘 세태다. 연인사이에 한번 성적 행위를 하게 되면 자연히 큰 부담 없이 되풀이되고 마침내 습관화된다.

　특히 여성은 성의 허락에 정말 신중하지 않으면 안 된다. 미혼의 임신 같은 험난한 현실을 겪어야 하지 않더라도 성의 개방습관은 자신을 그릇된 판단으로 이끌어 가기 쉽다. 이를테면 경제적으로 조금만 어려워도 정상적인 노력으로 극복하기보다 손쉽게 '원조교제' '조건만남' '애인대행' 따위로 해결하려고 하고, 마땅한 직업을 갖지 못하게 되면 유흥업소로 빠지기 십상이다. 그런 것들에도 한결 같이 충격적이고 참혹한 세상물정이 있기 마련이다.

정말 20대에는 매사에 적극적이어야 하지만, 적극적인 행동에 앞서 신중함이 습관화되어야 한다.

'Thinks Twice!'

행동하기 전에 반드시 한 번 더 생각하라. 두 번 생각하는 습관은 아직 세상물정이 어두운 20대의 필수조건이다.

정리의 힘, 버리는 습관

우리가 잘 아는 『토지』의 작가 박경리는 생의 마감을 얼마 앞두고 "버리고 갈 것만 남아 홀가분하다"고 했다. 이 말을 제목으로 한 책도 나왔다. 별로 쓸모가 없는 것을 버리고 나면 분명 홀가분해지지만 자기 것을 좀처럼 못 버리는 것이 인간의 속성이다. 본능적인 소유욕 때문인지도 모른다.

인간은 태어나 성장하면서 많은 '내 것'을 갖게 된다. 장난감을 시작으로 식기, 수저, 칫솔, 옷, 신발에서부터 필기구, 노트 따위를 비롯한 학용품, 책, 사진, 취미용품, 생활필수품, 선물, 일기, 친구나 연인의 편지, 메모나 스크랩 등의 갖가지 기록물, 수집품, 기념품, 수없이 많은 내 것을 갖게 된다.

누가 뭐래도 나한테는 더없이 소중하고 추억이 되고 필요한 것들이다. 대학생이 되어서도 초등학교 시절 노트나 교과서를 못 버리고, 대학 입시를 위해 온갖 정성과 땀을 쏟았던 입시 참고서를 그대로 간직하는 젊은이들도 많다. 이사 갈 때나 마지못해 그 일부를 조금씩 버린다.

물론 잘못됐다는 얘기는 아니다. 모두 소중한 가치가 있고 오래 간직하다보면 필요할 때도 있고 즐거운 추억을 되살려 삶의 활력을 주는가 하면, 골동품, 희귀품으로서의 가치를 지니게 되는 것들도 있다. 하지만 자기 것을 과감하게 버릴 수 있어야 성장한다. 그릇을 비워야 새 것을 담을 수 있기 때문이다.

***

버려야 할 것은 물건만이 아니다. 내 가슴 속에서 응얼이진 갖가지 감정, 마음의 상처, 부질없는 욕망, 헛된 꿈 등 버려야 할 것들이 얼마든지 있다. 마치 청소하듯, 쓰레기를 버리듯 내 발목을 잡고 있는 것들을 쓸어내고 버려야 앞으로 나아갈 수 있다. 또한 그것은 자신을 옥죄는 집착의 굴레에서 벗어나는 길이다.

법정 스님의 〈무소유〉는 좀 의미가 다르지만 결국 '무소유'도 나의 발목을 잡는 것들을 모두 없애고 마음을 비우는 것이다. 마음을 비워야 새로운 것, 정말 나에게 꼭 필요한 것들을 서슴없이 받아들일 수 있다. 공자말씀에 '회자후소繪者後素'가 있다. 그림을 그리려면 먼저 그림 그릴 종이나 천 등을 희고 깨끗하게 해야 한다는 얘기다.

인간은 누구나 많은 감정들을 가지고 있으며 매일같이 여러 감정들을 표출한다. 대개는 그때그때 해소되고 사라지지만 오래도록 가슴 속에 응얼이로 남아있는 감정들이 있다. 이를테면 분노, 앙심, 배신감, 복수나 보복심, 시기, 질투, 열등감, 피해의식 등과 같은 것들이다. 쉽게 사라지지 않는 이러한 감정들이 내 자신을 짓누르고 앞길로 나아가지 못하게 한다.

분노와 앙심에 얽매여 복수심, 보복심을 가지면 점점 그것에 빠져들어 집착하게 되고 생각이나 시야를 잔뜩 위축시켜 더욱 자신을 꼼짝 못하게 한다. 시기나 질투도 마찬가지다. 자칫하면 자신의 인생을 망치는 그릇된 판단과 위험한 선택을 하기 쉽다. 과감하게 버릴 것은 버리고 자기 자신을 위해 용서할 것은 용서하고, 상대와 맞부딪쳐 서로의 감정을 합리적이고 이성적으로 해결해야 한다. 그리하여 가슴속의 응얼이를 없애야 한다.

사람이면 누구나 갖게 되는 여러 가지 문제 가운데 대략 95%는 부질없는 문제들이라고 한다. 어차피 해결할 수 없는 문제라는 것이다. 그것에 얽매여 전전긍긍하는 것은 어리석은 행동이라고 말한다. 마음의 상처도 그렇다. 예컨대 불우한 가정환경, 어린 시절 부모로부터의 학대, 초 중 고등학교 때의 따돌림, 연인으로부터의 실연, 신체적인 조건 등과 같은 것은 이미 되돌릴 수 없는 것들이다.

이미 지나가 버린 일이며 결코 어찌할 수 없는 문제들로 열등감이나 피해의식에 사로잡혀 집착한다는 것은 어리석은 행동이다. 범죄심리학자들에 따르면, 흉악범의 대다수가 어릴 적 학대당한 경험을 가지고 있다고 한다. 그 피해의식이 오랜 세월 잠재의식으로 남아 자신을 지배하고 마침내는 잔혹한 보복심리로 발현하는 것이다. 부질없는 것들을 과감하게 버리고 긍정적인 마인드를 가져야 한다.

✻ ✻ ✻

헛된 욕망이나 터무니없는 꿈도 그렇다. 누구나 자신만의 욕망이 있기 마련이고 미래에 대한 화려한 꿈이 있다. 그러한 것을 이루려면 그 분야에 대한 실력과 재능, 피나는 노력이 있어야 한다는 것은 말할 나위도 없다. 그런데 어느 분야의 최고실력자나 스타의 화려한 면만 보고 맹목적으로 헛된 욕망을 갖는다는 것은 오히려 자신을 파멸시키기 쉽다.

예를 들면 아이돌 가수나 인기탤런트 등을 동경하며 자기도 그렇게 되고 싶어 하는 것이다. 청소년들이 가장 선호하는 분야가 연예인이다. 20대도 뒤지지 않는다. TV의 각종 오디션 프로그램에 수천 명씩 몰리고 어쩌다 공채가 있으면 수만 명이 달려든다. 자신의 재능이나 실력은 전혀 생각하지 않고 화려한 모습만 생각하는 그릇된 환상 때문이다. 그런 헛꿈으로 말미암아 불량한 연예기획자나 사이비에 걸려들어 돈을 뜯기고 몸을 망치는 경우가 자주 일어난다.

꿈은 클수록 좋다지만 헛된 꿈과 욕망을 과감하게 버릴 줄 아는 것도 자신의 인생을 성공으로 이끄는 지름길이 된다.

낡은 것을 버려라. 그래야 새 것을 얻는다. 그러기 위해서는 버리는 습관을 길들이는 것이 중요하다.

다른 사람의 장점을 먼저 보기

성인聖人이나 도덕군자가 아닌 이상, 인간은 누구에게나 장점과 단점이 있다. 누구도 완벽할 수는 없다. 인간에게는 양면성이 있기 마련이다. 그러한 인간의 이중성을 다룬 작품 가운데 하나가 스코틀랜드 작가 로버트 루이스 스티븐슨의 『지킬박사와 하이드』다. 낮에는 지역사회에서 명망이 높은 의사 지킬박사지만, 밤에는 살인마 하이드로 변하는 인간의 이중성을 파헤쳤다.

이 작품은 극단적인 경우겠지만, 사람마다 치명적인 수준이라고는 할 수 없는 장점과 단점, 이중성을 지니고 있으며 그것이 그 사람의 성격이나 특성으로 이미지를 형성하기도 한다. 또한 사람에 따라 긍정적인 성격이 있는가 하면 부정적인 성격이 있다. 그것도 유별나게 긍정성 또는 부정성이 강한 사람들이 있다.

긍정적인 사람들은 대개 남을 볼 때 그 사람의 장점을 본다. 그런데 부정적인 성격의 사람은 남을 볼 때 단점을 먼저 본다. 가령 어느 모임에서 누군가 화제를 주도하는 분위기 메이커 친구가 있다고 치자. 긍정적인 사람은 그를 가리켜 "아주 적극적이고 유머가 풍부한 친구야. 모임에는 그 친구가 꼭 있어야 돼"라고 좋게 평가한다. 하지만 부정적인 사람은 "그 자식, 언제나 혼자 나서서 설쳐. 저만 잘난 척 하고 혼자 떠들어대거든. 정말 꼴 보기 싫은 인간이야"라고 좋지 않게 평가한다.

부정적인 사람들은 대부분 시니컬하고 말수가 적다. 상대방과 단둘이 얘기하거나 여럿이 얘기하거나 적극적으로 나서기보다 남의 말을 많이 듣는다. 하지만 상대의 실수나 실언을 귀담아 듣고 오직 그것만을 남들에게 전하고 비난한다. 상대가 백 마디 옳은 말을 해도 그것은 귀에 들어오지 않고, 어쩌다 한 마디 잘못하면 그것만 기억하고 그것으로 그 사람을 평가한다.

그러면서 누가 자신의 단점을 지적하면 난리가 난다. 올바른 지적을 해준 사람에게 적의를 품고 전화나 휴대폰 문자 등으로 끝까지 물고 늘어져 상대를 정신적으로 몹시 피곤하게 한다.

자신은 언제나 옳고 완벽한 것이다. 자신은 언제나 정의가 되고 다른 사람은 무조건 불의가 된다. 그래서 남의 충고나 조언, 올바른 지적을 듣지 않는다. 무조건 자신이 옳기 때문에 좋은 말을 해주는 사람에게 오히려 대들고 따지고 든다.

이처럼 부정적인 사람은 결코 발전하거나 변화하지 못한다. 주변의 친구들도 모두 돌아서 마침내 외톨이가 되고 만다. 무서워서 피하는 것이 아니라 귀찮아서 피하고 말이 안 통하니까 피하는 것이다. 그래도 피하거나 관계를 끊지 못하는 아주 오랜 친구가 있다면 그 친구는 무척 피곤하다. 그가 남의 단점을 헐뜯는 소리를 들어줘야 한다. 더욱이 자신에게 동조하지 않으면 아무리 오랜 친구라도 마구 폭언을 퍼붓는다. 견디기 어려울 지경이다.

긍정적인 성격의 사람은 언제나 얼굴에 미소가 흐른다. 부정적인 사람은 언제나 어둡고 짜증스런 표정이다. 친구, 동료, 상사, 가리지 않고 은근히 헐뜯고 비난하거나 남의 단점만 지적하는 부정적인 사람은 누구나 멀리하려고 한다. 주변에 사람이 있을 리 없다. 따라서 인간관계, 대인관계가 원만하지 못한 것은 당연하다. 결국 다양한 인간관계에서 소외당하게 되고 꼭 필요할 때 주변의 도움을 받기 어렵다. 특히 젊은이가 그렇다면 스스로 자신의 무덤을 파는 거나 다름없다.

사람은 누구나 자기 자신이 이 세상의 주인공이다. 당연히 자기중심으로 생각하고 판단하고 행동한다. 그러나 자기의 모든 것이 무조건 옳다는 생각은 엄청난 착각이다. 여기서 벗어나야 긍정적인 인간이 된다. 그 첫걸음이 다른 사람의 단점보다 장점을 먼저 보는 것이다.

※ ※ ※

20세기 초 36세로 요절한 아쿠다가와 류노스케라는 일본의 유명한 작가가 있다. 우리도 잘 아는 『나생문』의 작가다. 그의 작품 가운데 〈덤

불 속〉이라는 단편이 있다. 산속의 덤불에서 남편이 살해됐는데 이 사건에 관계됐거나 목격한 사람들의 의견이 제각기 다르다. 사건의 진실은 하나인데 저마다 다른 것이다.

이 작품을 통해서 작가는 어떤 진실에 대해서 당사자들이 제각기 견해가 다를 수 있다는 것, 우리 인생의 현실에서 어떤 진실은 그 단면斷面만 잡힐 뿐 전체를 잡기 어렵다는 것, 사람마다 감정이나 심리에 따라 여러 모습이 나타날 수 있다는 것 등을 얘기하고 있다.

'내가 알고 있는 것이 과연 진리인가'를 다룬 책들도 있고, '열 길 물속은 알아도 한 길 사람 속은 모른다'는 속담도 있다. 장점이든 단점이든 내가 어떤 사람의 겉모습만 보고 그 사람을 이렇다, 저렇다 단정적으로 평가하는 것은 오류를 범할 가능성이 매우 높다. 자기 자신도 제대로 모르는데 어떻게 남을 함부로 평가한단 말인가?

어차피 남을 완벽하게 평가할 수 없다면 항상 긍정적인 자세로 그 사람의 장점을 먼저 보는 것이 좋다. 누구나 단점이 있기 마련이니까 나한테 피해를 가져올 치명적인 단점이 아니라면 눈감아주거나 외면하는 것도 현명한 방법이다.

뿐만 아니라 남의 말을 자기 멋대로 떠들어대는 습관은 반드시 고쳐야 한다. 어느 대중가요의 노랫말에 "…이러쿵저러쿵 남의 말을 하지 맙시다"라는 구절이 있듯이 내가 무심코 내뱉은 남의 말이 당사자에게는 치명적인 마음의 상처가 될 수 있다. 이러한 것은 모두 습관에서 비롯된다.

항상 배우는 습관을 가져라

'항상 배워라' 너무 상식적인 조언 같지만 실제적으로는 대단히 중요한 습관이다. 아주 많은 사람들이 자기는 무척 똑똑하고 아는 것도 많다고 생각한다. 나는 머리도 별로 좋지 않고 아는 것이 너무 부족하다고 생각하며 부끄러워하는 사람은 드물다. 쉬운 말로 요즘 사람들, 요즘 젊은이들은 모두 잘났다. 도무지 못난 사람이 없는 세상이다.

사실 우리는 엄청난 지식과 정보의 홍수 속에 살고 있지만, 냉정하게 따지고 보면 나의 지식, 내가 알고 있는 것은 초라하기 그지없다. 넓은 바다에서 물 한 바가지 퍼낸 것과 같은 하찮은 지식을 가지고 있을 뿐이다. 아는 것이 많다고 건방을 떨 일이 아니다. 나만 그런 게 아니라 누구나 그렇다.

우리는 박사나 교수라는 칭호가 붙은 사람을 지식인, 지성인으로 생각하며 그들을 존경하지만, 그들도 지식이 초라하기는 우리나 크게 다를 바가 없다. 박사나 교수라고 하면 아주 많은 지식을 갖춘 사람으로 생각하기 쉽지만 결코 그렇지 않다.

오직 홍길동 한 가지를 연구해서 국문학 박사가 되기도 하고, 수술 후 봉합한 실밥 한 가지를 연구해서 의학박사가 되기도 한다. 홍길동이나 실밥에 대해서는 누구보다 많이 알겠지만 일반지식은 우리보다 못할 수 있다. 대학교수도 엄밀히 따지면 오로지 자기 전공분야의 지식이 남보다 많을 뿐이다. 어떤 전문분야의 지식이나 기술이 뛰어나기로는 그 분야의 명인이나 달인 만한 사람이 없다. 그들도 그 분야가 대학 학과목에 있다면 교수요 박사다.

아직 삶의 경력이 짧은 20대가 어느 분야의 전문가가 되거나 아주 많은 보편적인 지식들을 갖추기는 어렵다. 되도록 많은 독서와 체험, 견문을 통해 지식의 폭을 크게 넓히고, 그런 과정에서 자신의 인생을 걸 수 있는 전문지식과 전공을 찾아내 한 분야에 매진함으로써 전문가가 되어야 하는 세대이다.

✴✴✴

요즘의 20대들은 고등학교까지 오직 입시위주의 주입식 교육에 매달렸기 때문에 자신의 지식을 넓힐 수 있는 기회를 전혀 갖지 못했다. 그리하여 장래목표나 희망도 설정하지 못하고 무조건 일류대학, 인기학과를 지망했다.

어떡해서든지 대학에 진학하기 위해 성적이 떨어지면 비인기학과, 경쟁이 심하지 않은 학과를 찾는 눈치작전으로 대학에 갔다.

그러다보니 자신이 진학한 대학의 학과나 전공이 적성에 전혀 맞지 않아 방황하고 뒤늦게 전과轉科하거나 편입하는 고통을 겪어야 했다. 그렇지 않으면 대학 4년을 허송세월하고 졸업한 뒤 취업할 곳이 없어서 큰 어려움을 겪고 자신의 전공과는 전혀 관련이 없는 분야로 진출하기도 했다.

다소 늦었다는 생각이 들 수 있겠지만 우리의 현실에서는 어쩔 수 없다. 20대에 부지런히 배우고 익히고 체험해야 한다. 자의든 타의든 전공을 가진 대학생, 이미 원하는 직장이든 어쩔 수 없이 선택한 직장이든 현업에 종사하고 있는 직장인이라 하더라도 보다 많은 것을 배우고 알아야 한다. 적어도 배우려는 자세를 가져야 한다.

일본에서 '경영의 신'이라고 불리는 마쓰시다 전기松下電氣의 창업자 마쓰시다 고노스케는 어렸을 때 가정형편이 너무 어려워 초등학교도 제대로 다니지 못했다. 일찍부터 가게 심부름, 신문배달, 점원 등을 하며 생활비를 벌어야 했다. 하지만 크게 성공한 그는 훗날 성공의 요인 세 가지를 꼽았는데 그 가운데 하나가 제대로 배우지 못했다는 것이었다.

학교도 못 다니고 배우지 못했기 때문에 자신은 항상 겸손했으며 신분의 귀천을 따지지 않고 누구에게나 배우려고 했으며 무엇이든 배우려고 했던 습관이 성공의 원인이라는 것이다.

우리나라 현대그룹의 고故 정주영 회장도 마쓰시다와 크게 다르지 않다. 정 회장의 최종학력은 초등학교 중퇴다. 그는 열서너 살때부터 쌀가게에서 심부름을 하며 장사를 배웠고 사회를 배우며 미래를 내다봤다.

20대는 배움에 있어서 편식을 하면 안 된다. 자신의 전공이 문과든 이과든 다양하고 폭넓게 배우는 것이 좋다. 인문, 사회과학, 자연과학 현실의 경제, 미래학 등 가리지 말아야 한다. 편식이 습관이 되면 건강에 좋지 않듯 편협한 지식의 습득은 자칫 편협한 사고방식을 갖게 한다. 편견은 바로 편협한 사고방식에서 나오는 것이다.

다양하게 배우되 옥석은 가려야 한다. 정보와 지식의 홍수시대여서 쓰레기도 아주 많다. 또한 부질없는 것을 알려고 하는 데 시간을 낭비하지 말아야 한다.

이를테면 연예인에 대한 정보와 같은 것들이 방송은 온통 예능프로그램이며 각종 매스컴이 연예인의 사생활 등 숱한 정보들을 쏟아 놓는다. 한창 젊은 20대로서는 당연히 관심이 가겠지만 톱스타의 스캔들, 허접한 신변잡담 따위에 지나치게 관심을 갖고 악플을 달고 신상털기 같은 부질없는 행위로 시간을 낭비한다는 것은 너무 한심한 짓이다.

더욱이 예를 들어 가수 타블로의 학력을 의심하는 '타진요' 따위에 매달리는 것은 얼마나 부질없는 짓인가. 타블로의 학력이 진실이라는 것은 그의 출신학교나 수사기관에서 이미 밝혀졌는데도 불구하고 무슨 근거로 끊임없이 의심한단 말인가. 또 설령 그의 학력이 과장됐다 하더라도 나하고 무슨 상관이 있단 말인가? 촌각이 아까운 20대에 그런 쓸데 없는 것에 시간을 낭비하는 것은 정말 어리석은 짓이다.

'아는 것이 힘이다'는 오늘날에도 여전히 유효하다. 많이 알아야 내가 가야 할 길도 찾게 되고 길이 보인다. 많이 알아야 고난과 역경에 부딪쳤을 때 좌절하지 않고 효과적으로 대처할 수 있다.

'노력은 수단이 아니라 목적이다'라는 말이 있다. 많이 알고 배우려는 노력이 습관화되어야 한다. 그 진정한 출발은 20대에 해야 할 일이다.

최고가 되려고 진을 빼서는 안 된다

무리지어 살아가는 대부분의 포유류는 살기 위해 먹고, 종족보존을 위해 짝짓기하는 본능과 함께 자기 무리의 영역과 서열이 있다. 고등동물일수록 더욱 뚜렷하다. '영역'은 생존의 터전으로 먹이확보를 위해 필수적이어서 목숨을 걸고 지킨다. 다른 무리의 영역침범에는 집단싸움을 불사한다.

'서열'은 무리의 질서유지는 물론, 우수한 유전자를 후손에게 전달함으로써 멸종하지 않고 대를 이어가게 하는 데도 필요하고, 먹이와 물을 찾고 위험에 대처하며 무리를 안전하게 이끄는 리더의 순위이다. 무리의 우두머리는 보편적으로 수컷이 맡기 때문에 '알파 수컷'이라고 한다. 코끼리나 하이에나 등 암컷이 우두머리인 동물들도 있다.

우두머리 수컷은 대개 덩치가 가장 크고 힘이 센 수컷이 차지한다.

치열한 서열경쟁에서 우두머리가 되면 무리의 독단적인 통솔을 비롯해서 모든 암컷들과의 짝짓기에서 우선권을 갖게 되고 제일 먼저 먹이를 차지하는 등 절대적인 특권을 갖는다. 따라서 어떤 수컷이든 무리의 우두머리가 되고 싶어하고 그만큼 우두머리가 되기 위한 경쟁도 치열하다. 싸움에서 지면 무리에서 쫓겨나기도 한다.

❉❉❉

우리 인간도 포유류 최고의 고등동물, 무리지어 생활하는 동물로서 영역확보와 강한 서열의식을 본능적으로 지니고 있다. 국가도 영역이며 자기가 속한 사회, 작게 쪼개면 가정, 자기 땅, 자기 집도 영역이다. 또한 남자라면 누구나 자기가 소속된 무리의 우두머리가 되고 싶은 욕망을 갖고 있다. 남녀평등인 요즘은 여자도 여기에 가세한다.

대통령이 돼서 나라를 다스리겠다고 나서고, 국회의원이 돼서 지역사회를 대표하겠다고 앞 다투어 나서고, 도지사, 시장, 군수, 선출직 단체장, 초등학생들까지 자기 반의 반장에 되겠다고 나서는 것도 우두머리 본능 때문이다. 다만 인간은 힘과 덩치가 좌우하는 동물들과는 달리, 선거라는 합리적인 절차에 의해 다수결로 우두머리를 결정할 뿐이다.

우리는 어떤 무리의 우두머리에게 흔히 '장(長)'이라는 칭호를 붙여준다. 직장에서도 사장, 부장, 차장, 과장, 고향사람들 모임에서는 향우회장, 동문모임은 동창회장, 각급학교에서는 총장, 학장, 교장, 학생회장, 반장, 아파트에서는 부녀회장, 취미모임에서는 조기축구회장, xx낚시

회장…. 우리 민족의 시조로 모시는 단군도 역사에서 군장群長으로 표현한다.

본능이어서 그런지 '장' 싫어하는 사람은 없다. 뛰어난 학자, 예술가, 성직자들조차 장長으로 모시겠다면 못이기는 척 사양치 않고 받아들인다. 물론 그보다 자기 스스로 장이 되겠다고 나서는 사람들이 훨씬 더 많다.

어느 우두머리 자리를 놓고 여러 명이 서로 경쟁이 치열하면 혈연, 지연, 학연 등 자신과 관련 있는 무리를 동원하고 돈을 뿌리고 상대를 헐뜯고 서로 피터지게 싸운다. 장長에게는 권위의식과 함께 무리의 규모나 성격에 따르는 갖가지 특권과 혜택, 이익이 주어지기 때문이다. 당연히 자기 만족감도 큰 몫을 차지한다. 이렇게 장이 되거나 우두머리 수준의 지위가 높은 관직, 공직에 오르거나 영향력이 큰 집단의 우두머리에 오르는 것을 '출세出世'라 하고 이를 성공의 가늠자로 보기도 한다.

＊＊＊

사회에 영향력 있고 파워가 크고 권위, 특권, 혜택, 이익 등이 많은 집단의 우두머리에 뽑히기 위해서는 경력, 학력, 정치력, 역량, 인격, 재력 등 여러 조건을 갖춰야 한다. 그러다 보면 어느 정도 나이가 들어야 한다. 20대, 30대의 젊은이들은 대부분이 또래들의 집단에서나 우두머리가 될 수 있다.

그러나 불확실한 사회에서 장래에 대한 아무런 보장도 없으며 취업과 사회진출이 좀처럼 힘든 요즘 젊은이들은 무척 초조해서 갖가지 편법을 써서라도 빨리 출세하고 싶은 생각이 강하다. 많은 경험을 쌓느라고 나이가 들어야 하는 과정을 건너뛰고 싶어 한다. 우두머리가 되려는 목표를 가진 젊은이들은 더욱 그렇다.

그러자면 옛날 과거에 급제해서 출세하듯, 각종 고시考試를 통해 국가에서 부여하는 자격을 획득하거나 벤처와 같이 기막힌 아이디어로 창업에 성공해야 하지만 쉽고 만만한 것은 아무것도 없다. 그러다 보니 많은 대학생, 젊은이들이 손쉽게 참여할 수 있는 어떤 정치세력이나 운동권에 가담하거나 각종 시민단체, 최근에 이슈가 되는 이런 저런 환경단체 등에 참여해서 빨리 두각을 나타내려고 하는 경우가 많다.

하지만 규모가 큰 정당이나 정치세력, 기틀이 잡혀있는 시민단체에서 자신이 짧은 기간에 두각을 나타내기란 역시 쉽지 않다. 경쟁자들이 너무 많기 때문이다. 따라서 국민적 지지를 얻지 못하는 반체제적인 정치세력이나 운동권, 규모가 작고 회원숫자조차 불투명한 시민단체에 들어가 수월하게 비중 있는 지위를 얻고 앞장 서 투쟁함으로써 자신을 돋보이려 한다.

각종 불법시위, 1인 시위, 때로는 폭력을 불사하는 과격한 행동 등 이른바 '결사투쟁'의 선봉에 선다. 이를테면 주사파 종북세력에 대학생, 젊은이들이 많은 것이 이에 해당된다고 할 수 있다. 물론 그들 가운데는 옳든 그르든 자기 나름대로 뚜렷한 이념과 신념을 지닌 젊은이들도 있겠지만 오직 출세를 위한 젊은이들도 적지 않다는 얘기다.

즉 자신의 욕구불만을 해소하려 하거나 출세의 지름길로 이용하려는 의도를 가진 이들도 많다는 것이다.

하지만 그런 경우는 극소수에 불과하다. 더욱 안타까운 것은 그들 집단의 아주 많은 젊은이들이 허송세월로 인생을 낭비하거나 전과자로 낙인찍혀 힘든 인생을 살아간다는 것이다. 과격한 투쟁으로 주동자, 주모자가 되면 앞길은 더욱 험난하다. 일제시대 항일독립투사처럼 의사, 열사로 국민들로부터 존경을 받는 것도 아니다. 행여 북한이 원하는 대로 적화통일이 되면 크게 출세할지 모르지만 우리와 북한의 국력차이, 경제력, 인구차이 등과 국제정세나 판도로 볼 때 그럴 가능성은 제로라고 할 수 있다.

오히려 불법적인 투쟁이나 과격한 투쟁경력은 정상적으로 사회진출하는 데 큰 걸림돌이 된다. 취업에서 크게 불이익을 당하거나 모든 분야에서 마이너스 요인이 된다. 그래서 또 어쩔 수 없이 자신이 속했던 집단을 못 떠나고 정치판 뜨내기로 전락해서 고달픈 삶을 살아야 한다.

***

우두머리는 좋다. 우두머리가 되려고 애쓰는 것은 본능이라고 할 수 있다. 그러나 너무 우두머리를 좋아하고 우두머리가 되려고 집착하다가는 큰 낭패를 볼 수 있다. 동물들도 우두머리 수컷의 최후는 비참하다. 끊임없는 도전에 시달리다가 힘이 떨어져 우두머리 수컷의 지위를 잃으면 무리에서 쫓겨나 굶주리다가 혼자 쓸쓸히 최후를 맞는다.

인생의 목표는 우두머리가 아니라 행복추구와 성공이다. 우두머리가 그 수단은 될 수 있겠지만 목표가 될 수는 없다. 우두머리라는 표현이 적당하지는 않지만 성직자가 되고자 한다거나, 인권운동가, 평화운동가, 환경운동가, 자선사업가 등 자신을 버리고 남을 위해 희생하겠다는 목표를 제외하고 말이다.

　생각이나 마음가짐도 습관이라고 했다. 우두머리가 되고 싶어 하는 것은 남들 앞에 나서고 싶은 심리다. 그보다 행복추구와 성공을 위해 자기 자신의 인생을 가꿔가는 습관을 키워가는 것이 훨씬 현명하다.

집중력을 키워라

취학 전의 어린이나 초등학생들에게 흔한 정신적 질환 중에 ADHD(주의력결핍 과잉행동장애)가 있다. 말 그대로 주의력이 크게 떨어지고 행동이 산만해서 무척 어수선해 보이는 어린이에게서 자주 볼 수 있는 증상이다. 특징적으로는 역시 주의력 결핍, 과잉행동, 공격적인 행동 등이다.

이런 어린이는 한꺼번에 여러 가지를 하려 하지만 제대로 끝내는 것이 없고 일이나 놀이를 순서대로 수행하지 못한다. 또 조심성이 없어서 실수를 잘하고, 부모나 선생님 등 남의 얘기를 귀담아 듣지 않거나, 공부나 그림 그리기 등 비교적 오랫동안 정신을 집중해야 하는 일을 귀찮아하거나 싫어한다. 그러면서도 또 어떤 일이나 놀이에는 지나치게 집중한다. 그러다가 물건을 집어던지고 주먹질을 하는 등 갑자기 과격한 행동을 보이기도 한다. 한마디로 너무 산만하고 부모나 선생님이 볼 때 도무지 종잡을 수 없는 행동을 한다.

 이같은 ADHD는 어린이정신과나 상담소 등을 통해 지속적으로 치료와 지도를 받으면 대부분 완치될 수 있다고 한다. 하지만 부모가 그때그때 꾸중이나 하면서 방치하게 되면 청소년기에도 비슷한 행동을 되풀이하고 성인이 되더라도 주의력 결핍과 과잉행동 증상을 나타낸다는 것이다. 또는 뜻밖에 무엇엔가 쉽게 빠지고 중독되는 경향을 나타낸다는 것이다.

✳ ✳ ✳

 ADHD 증상 없이 성장했더라도 현대는 문화가 다양해서 집중력을 갖기 어렵다. 컴퓨터, 각종 게임기, 스마트폰, TV, 수많은 어린이용 도서와 만화, 다양한 장난감과 놀이기구 등등 이것저것 관심을 나타내다 보면 어느 한 가지에 집중하지 못하고 산만한 행동을 할 수밖에 없다.

 때로는 부모들이 자녀에게 너무 많은 것을 요구한다. 거기다가 여러 종류의 학원도 다녀야 한다. 태권도, 피아노, 미술 등의 예체능 학원을 비롯해서 영어학원, 각 과목의 보습학원… 도무지 정신이 하나도 없다. 어른이라도 그 많은 것들을 한꺼번에 수행하기 어렵다. 어떻게 보면 우리 사회가 어린이들에게 ADHD 증상을 만들어주고 있는 느낌이다.

 대체적으로 이러한 환경 속에서 성장한 20대에게도 주의력이 부족하고 산만하고 무엇 하나에 집중하지 못하는 습성을 보이는 경우가 의외로 많다. 자기 앞에 주어지는 갖가지 상황들에 대해서 효과적으로 대처하지 못하고 자신의 의지와 상관없이 산만한 행동을 하는 것이다.

예컨대, 내일부터 중간고사를 치러야 하는 대학생이 이성친구를 불러내 데이트를 하다가 내일부터 시험이어서 공부해야 하니까 일찍 헤어지자고 한다. 당연히 이성친구에게 시험공부가 다급할 텐데 왜 불러냈냐고 핀잔을 듣는다. 결국 시험공부도 제대로 못하고 데이트도 실속 있게 못하는 것이다.

집에 돌아와서도 어느 한 과목에 집중하거나 순서를 제대로 정하지 못하고 이 과목, 저 과목 찔끔찔끔 들여다보다가 정신을 가다듬을 요량으로 잠시 컴퓨터 게임을 한다. 그런데 결국은 게임에 몰두해서 시험공부는 제쳐놓고 밤새워 게임만 하는 것이다.

직장에서도 비슷하다. 자신의 업무와 관련해서 자신에게 주어지는 여러 처리사항들에는 비중의 차이와 우선적 순위가 있기 마련이다. 그런데 순서를 제대로 정하지 못하고 한꺼번에 이것저것 처리하려 한다. 나름대로 무척 바쁘기만 할 뿐, 어떤 한 가지도 만족스럽게 처리하지 못한다. 무척 산만한 것이다.

초조하고 답답한 상사가 "자네가 맡은 일 어떻게 됐어?" 하고 물으면 "네, 지금 하고 있습니다"라고 항상 똑같은 대답을 한다. 그 업무를 수행 중인 것은 틀림없지만 어느 업무 하나, 제대로 마무리를 못하는 것이다. 이런 젊은이들은 대개 약속도 한꺼번에 여러 개를 겹쳐 놓는다. 퇴근 후 6시부터 아무개, 7시에 아무개, 8시에 이성친구, 이런 식이다.

자신은 무척 바쁘고 액티브하게 사는 것 같지만 결과적으로 어떤 약속도 제대로 지키지 못하고 만다. 허겁지겁 대고 서둘러 대서 약속 당사자를 불안하게 한다. 당연히 약속목적을 마무리하지 못한다. 이성친구와의 약속에는 무한정 늦어 왕창 짜증나게 한다. 이성친구의 불만에는 자신이 이렇게 바쁘게 살며 많은 일을 한다고 자랑스럽게 말한다. 한꺼번에 많은 일을 하는 것이 아니라, 한 가지 일도 제대로 하지 못하고 산만할 뿐이다.

✳ ✳ ✳

사실 현대사회는 그 자체가 무척 복잡하고 다양해서 더 할 수 없이 산만하다. 정신적으로 정상적인 사람도 정신분열을 일으킬 만큼 너무나 혼란스럽다. 그래서 '몰입'이 심리학의 화두가 되고 있는 시대이다.

미국의 심리학자 칙센 미하이가 주장하는 '몰입'은 어떤 활동에 깊이 빠져 시간, 공간, 타인의 존재, 나아가서 자신의 생각조차 잊는 심리를 말한다. 무아지경, 몰아지경의 상태라고 할 수 있다.

만유인력을 발견한 아이작 뉴턴이 연구에 몰입해 있을 때 동료들이 골탕을 먹이려고 그의 도시락을 몰래 먹어치웠다. 연구를 잠시 멈추고 도시락을 먹으려던 뉴턴이 비어있는 자기 도시락을 보고 껄껄 웃으며 "허허, 내가 연구에 몰두해서 도시락 먹어버린 것도 깜빡했군" 하고 말했다. 그야말로 연구에 몰입해서 무아지경이었던 것이다.

물론 몰입은 아무것이나 빠져들고 도박, 마약과 같은 쾌락에 집착하는 비정상적인 행동들은 해당되지 않는다. 뚜렷한 목적이 있으며 주체적으로 긍정성을 갖는 것이어야 한다. 올바른 것, 바람직한 것, 나에게 진정으로 필요한 것에 몰입함으로써 시간이 가는 줄 모를 정도로 집중돼 어느새 큰 효과와 성과를 얻게 되고 행복에 이르게 된다는 것이다.

'몰입'의 원래 의미가 영어의 flow, 물 흐르듯이 흐른다는 것이다. 결코 무리가 없어야 한다.

* * *

몰입은 집중력의 향상을 통해 성취할 수 있다. 몰입의 과정으로 가기 전에 집중력을 키워야 한다. 집중력이란 말 그대로 산만하고 흩어진 행동을 하지 않고, 어느 한 가지에 오래도록 몰두하는 힘을 말한다. 어린이나 청소년이 집중력을 보일 때, 어른들은 흔히 '아이가 궁둥이가 무겁다'라는 말을 한다. '궁둥이가 무겁다'는 것은 촐싹대고 산만하고 어수선하고 한 자리에 오래 머물지 못하는 게 아니라, 진득하니 자리에 오랫동안 앉아서 일을 계속한다는 얘기다.

자신의 목표를 이루고자 할 때 집중력은 필수적이다. 특히 과학분야, 이학분야에서는 더욱 필수요소다. 집중력과 몰입이 없으면 지속적으로 연구를 수행할 수 없고 섬세하고 정교한 성과를 얻어내기 어렵다. 시험공부도 그저 덮어놓고 오랜 시간 매달린다고 해서 성과가 있는 것이 아니라, 짧은 순간이라도 집중력을 발휘하고 자기 스스로 좋아서 몰입해야 큰 효과가 있다.

✷ ✷ ✷

집중력은 훈련에 의해 얼마든지 향상시킬 수 있다. 훈련이란 끊임없이 되풀이함으로써 습관화시키는 것을 말한다. 바꿔 말하면 집중력은 결국 습관이라는 얘기다.

궁둥이가 무거워지는 습관을 키워라. 자신이 하고자 하는 일과 목표를 추구하는 데 있어서 10분이라도 더 빠져들어라. 그리고 점점 그 시간을 늘려나가라.

집중력은 성공에 이르는 습관이다. 집중력이 향상되면 '몰입'이라는 무아지경에 이를 수 있고 그것이 행복과 성공을 만들어낸다.